政协乌达文史资料第五辑

乌达往事

WUDA WANGSHI

黄河出版传媒集团
阳光出版社

图书在版编目（CIP）数据

乌达往事 / 任海主编. -- 银川：阳光出版社，
2021.4

ISBN 978-7-5525-5864-7

Ⅰ. ①乌… Ⅱ. ①任… Ⅲ. ①区(城市) - 地方史 - 乌
海 Ⅳ. ①K292.64

中国版本图书馆CIP数据核字(2021)第079656号

乌达往事　　任海　主编

责任编辑　马　晖
封面设计　郝逸云
责任印制　岳建宁

黄河出版传媒集团
阳　光　出　版　社　出版发行

出 版 人　薛文斌
地　　址　宁夏银川市北京东路139号出版大厦（750001）
网　　址　http：//www.ygchbs.com
网上书店　http：//shop129132959.taobao.com
电子信箱　yangguangchubanshe@163.com
邮购电话　0951-5014139
经　　销　全国新华书店
印刷装订　银川银选印刷有限公司
印刷委托书号　（宁）0020600

开　　本　787mm × 1092mm　1/16
印　　张　13.5
字　　数　200千字
版　　次　2021年3月第1版
印　　次　2021年3月第1次印刷
书　　号　ISBN 978-7-5525-5864-7
定　　价　68.00元

前言

因乌金而轩辷，叙过往鉴史事。政协乌达文史资料第五辑《乌达往事》在乌达区政协文史资料编纂委员会共同努力下，付梓出版。

此书稿是继前四辑后，以记录乌达区文化、教育、体育、卫生等民生领域为重点，体现历史变迁、城市风貌变化的又一本书。本书秉承了以往的风格，主体由《艰难与辉煌》《见证那段历史》《乌达，我可爱的家乡》《我们的幸福生活》四个篇章构成，图文并茂地展现了乌达区的沧桑变化，为广大读者了解乌达的发展历史提供了参考资料。

盛世修史，古今皆然。本书所摘录20世纪四五十年代以来的区情区貌和人文趣事，是乌达区发展的一个缩影。近年来，乌达区委、区政府统筹推进“五位一体”总体布局，协调推进“四个全面”战略布局，在乌海市委、市政府的坚强领导下，坚持稳中求进工作总基调，坚持新发展理念，坚定不移推进改革开放，沉着有力应对各种风险挑战，统筹新冠肺炎疫情防控和经济社会发展工作，深化供给侧结构性改革，扎实做好“六稳”工作、全面落实“六保”任务，经济综合实力迈上新台阶。“十三五”时期，地区生产总值年均增长6.8%；社会消费品零售总额年均增长3.4%；城镇常住居民人均可支配收入年均增长6.1%；全社会固定资产投资年均增长5.9%；一般公共预算收入年均增长3.7%。坚持民生优先的发展思路，近年来用于民生事业发展占一般公共预算支出均达到70%以上，社会保障体系更加健全，就业、养老、医疗、低保等保障标准逐年提高，民生福祉持续得到改善。乌达区已先后获得全国科技进步先进区、全国“三八红旗集体”、内蒙古自治区可持续发展实验区、自治区人居环境范例奖等国家级和自治区级殊荣，城市知名度和影响力显著提升。

文史资料第五辑《乌达往事》的出版，正值全面建设社会主义现代化国家和实施“十四五”规划的开局之年，也是中国共产党成立100周年。乌达区将坚持以习近平新时代中国特色社会主义思想为指引，增强“四个意识”，坚定“四个自信”，做到“两个维护”，坚定不移走好以生态优先、绿色发展为导向的高质量发展新路子，开拓进取、再建殊勋。

谨以此激励乌达区干部群众持续以一往无前的奋斗姿态和风雨无阻的精神状态，围绕把握新发展阶段、贯彻新发展理念、构建新发展格局，守初心、担使命，推动地区经济繁荣昌盛、社会和谐稳定，奋力谱写新征程乌达新篇章。

中共乌海市乌达区委员会
乌海市乌达区人民政府
2021 年 2 月

乌达往事

WU DA WANG SHI

目录

乌达往事
WU DA WANG SHI

乌达往事

WU DA WANG SHI

·我们的幸福生活·

艰难与辉煌

乌达市（区）* 工农业发展的艰辛历程

◎赵文成

乌达地区的工农业体系，从一开始就是分两线发展的。

第一条是主线，是指煤炭产业。毕竟乌达乃至整个乌海都是因煤而兴。这条主线，在乌达地区的代表就是乌达矿务局以及它下属的各大煤矿和辅助性的工厂，当时人们统称之为“大矿”。同时也涵盖了矿务局系统所兴办的第三产业、农林业等。

第二条是辅线，顾名思义，就是对煤炭生产起辅助性作用的一系列产业，如商业、交通、运输、加工等。而这条辅线大多数都是小、微企业，都是由原乌达市及后来的乌达区所兴办。实际上就是为煤炭产业做好后勤保障以及拾遗补缺和煤焦的延长加工产业。

作者在本文中所回顾的，就是当时乌达市（区）在兴办这些小企业时，所走过的艰难历程。

一、起　步

1958 年，万人上山开采大煤田，到 1960 年，涌入乌达地区的人口数量竟达到十万之多。一下子增加这么多人口，“吃喝拉撒睡”已成燃眉之急。为解决这些问题，乌达市各级组织迅速把商业、服务业、文教

* 原乌达市隶属于内蒙古自治区巴彦淖尔盟，为县级市。1976 年，经国务院批准，与原隶属于内蒙古自治区伊克昭盟的海勃湾市（县级）合并，成立了现内蒙古自治区乌海市（地级）。原乌达市更名为“乌达办事处”，后再更名为“乌达区”，使用至今。

事业抓起来，压力才有所缓解，但人们生活所必需的用品以及一些基本的社会服务都远远得不到满足。

乌达市领导也意识到，要彻底解决这些问题，逐步完善城市服务功能，让广大人民群众安居乐业，使煤炭生产无后顾之忧，还是要秉持自力更生、艰苦奋斗的精神；自己建立、发展与人民群众生活息息相关的小企业、小作坊以及蔬菜生产基地。

于是乌达市领导发动社会各界力量，想方设法，没有条件创造条件也要上。通过一致努力，在荒滩上先后建起了五金厂、缝纫社、木器厂、皮毛厂、红旗运输社、马车公司、砖瓦厂、耐火厂、食品加工厂、副食品加工厂，还有蔬菜农场。虽然这些厂子的生产方式都非常落后、原始，但是却有效地解决了乌达地区人民群众的生活所需，为乌达的煤炭事业的发展提供了一个良好的社会环境。

这是乌达市工业发展起步阶段的状况。

二、“冬　眠”

国家进入“三年困难时期”，从 1961 年开始，大批城镇人口被精简下放，特别是 1960 年苏联撤走专家，带走图纸，使万人翘首以待的乌达电厂停工下马，对乌达工业造成了沉重打击；乌达的小手工业也处在徘徊状态之中。1963 年年底，乌达市的总人口只有 4.7 万多。

到 1964 年，乌达市的经济逐渐开始复苏，以小手工业为主的工业经济体系又焕发了一线生机。可是到 1966 年“文化大革命”开始，不少领导干部或靠边站或被打倒，企业停工停产，使乌达市的工业又一次受到冲击，不少手工业作坊或小厂处于半停顿状态，乌达市的工农业又一次受到严重影响。1968 年，上级为解决乌达市的上述一系列问题，派来工宣队。工宣队进驻，做了不少努力，但由于大气候的影响，最终无回天之力。

三、第一次飞跃

就在乌达市工农业和国民经济濒临瘫痪之际，1969 年 12 月 19 日，中央决定在内蒙古实行军管，派来了解放军。

经过半年多的整顿，平反了一大批领导干部，恢复了各级党组织。1970 年 8 月，岩峰同志任乌达市党委书记，罗靖、王震、李金铎、贺荣兴任副书记。诸多领导和军管会同志深入实际，进行了广泛的调查研究，掌握了大量的基本情况，进行了认真分析、研判，找到了困难和问题所在。

1. 从 1961 年到 1970 年，各行各业基本未招工。当年的儿童已长成青年，大批待业青年的就业问题已成为父母的沉重负担。

2. 很多小厂已入不敷出，进入较困难时期，有的厂子甚至发工资都成了问题。

3. 干部工人的工资一直未增加，可是家庭人口不断增加，生活困难的职工越来越多。

4. 由于人口的迅速增长，蔬菜副食品供应不足的问题也凸显出来。

5. 近十年间，幼儿及学龄儿童数量急速增加，孩子的入托、上幼儿园、上小学、上中学，也极大地困扰着广大市民。

乌达市委和军管会把问题梳理清晰，果断采取措施。

首先把 1961、1962 年下马企业的旧厂房经过认真修理改造，因陋就简，因物致用，于 1970 年先上马了耐火材料厂，招了一批下马遣返回乡的老技工，就地招了一批青年工人，很快投入生产。以老带新，不断试验，在最短时间内烧出了第一窑耐火砖。经检验，无论化学指标还是物理指标，全部合格。产品迅速打开销路，企业实现了盈利。这一成功，给乌达市上下和军管会增添了信心。

1970 年年底前又上马了红旗煤矿。红旗煤矿得到了乌达矿务局的大力支持，给派来了技术人员和有经验的老工人，支援了大量的采煤设备。乌达市又招了一批新工人充实红旗煤矿。新老工人共同努力，很快打出了第一个井巷，采出了优质煤，一部分供应市区居民，保障生活用煤，也为乌达市发展“五小”工业企业奠定了良好的基础。

相继又上了水泥厂、通用机械厂、制药厂。这一批五小企业，大的几百人，小的几十人。这些小厂矿尽管小，但打破了乌达市多年不招工的局面，极大地缓解了就业难的问题，并为乌达市的经济发展注入了新鲜血液。

在军管会和乌达市委的领导下，恢复了各级党组织。有了党组织的领导，各个小厂的运转迅速正常化，生产效率极大提高。

乌达市国营农场迅速恢复了产销两旺的良好局面，大量新鲜蔬菜及优质农产品上市，基本满足了全市人民的生活所需。

根据乌达市区荒地多、沟渠多、劳力多、降水少、风沙大等具体情况，抽调能力较强的干部组建起青年农场总场。几千名男女待业青年踊跃参加。为了便于管理，下设七个分场，各分场很快开始大面积开垦荒地。一个冬春，开垦出很多块平整的荒地。由于没有水，一刮风就出现了风卷黄沙起狂飙的局面。领导和职工看在眼里，急在心里。世上无难事，只要肯登攀。乌达市破釜沉舟，在经费极度紧张，而且又有很多事情亟待要办的情况下，抽出一笔资金，决定在乌达新区东侧，黄河铁桥附近新建一座扬水站，引黄河水灌溉开垦出来的农田菜地。

只有几万元的资金，上一个较大的扬水站，明显是杯水车薪。但乌达市委决心已下，再难也要上。1972年春，乌达新区铁桥扬水站正式开工。市委决定所有土方工程全部用义务劳动解决。这一号召一经发出，乌达市人民都积极响应，一万多人迅即上到工地。根据总指挥部划段分工的原则，乌达市单位、团体、居民委员会等派出的人员很快到达指定位置，开始了轰轰烈烈的义务劳动。很多人早出晚归，有的同志中午带饭在工地上凑合一顿。特别是抗日战争期间参加革命的老干部周建民同志，带领全家上工地，而且一直干到最后。广播喇叭里表扬了周建民同志的事迹，又有很多老同志向他学习，带领全家来到工地参加义务劳动。很多青年人也不甘落后，都以最大的热情奔波忙碌在工地上。在大家的共同努力下，不到一个月，主干渠的土方工程全部完工。

黄河边的扬水站（一级提水）土建工程、铁桥大坡的二级提水土建工程以及砌渠衬、固渠堤等工程都在紧锣密鼓地建设中。青年农场的青年们也不分昼夜开垦荒地，平整土地，开挖小干渠、毛细渠。经过全体施工人员一年的共同努力，扬水站的功能终于完全发挥出来。新栽的树木枝繁叶茂，庄稼蔬菜长势喜人。虽然这个扬水站在以后的规划建设中被废弃，但它的历史作用在我们这一代人的思想中打下了深深的烙印，它的历史功绩至今犹存。

为了使乌达市全面发展，彻底解决人们的吃菜问题，又于1974年建了一个更大的扬水站，即河拐子扬水站。也采用修建铁桥扬水站的方式，在物质条件较差的情况下上马。建成后，满足了乌兰木头（即乌兰淖尔）两万亩土地的灌溉需求。两年后建成，一直使用至今。

乌达市第一次经济建设全面铺开，尽管各方面条件滞后，生产方式比较落后，但它对乌达市的发展具有不可磨灭的影响，在实践中也培养锻炼了一大批年轻干部，为乌达市以后的发展留下了浓墨重彩的一笔，也为后来的发展培养出了一批可用之才。

乌达市委为解决人民的生活问题，相继建起巴音赛幼儿园、第二小学、第五小学，扩建了第一小学、三道坎小学，又扩建了乌达市中学等。下一代的教育培养问题得到了解决。

四、第二次飞跃

1983年9月，乌海市机构改革，乌达区也进行了党政领导班子的大调整。区级主要领导以知识分子、年轻干部为主体。这些领导干部很快适应了新的工作岗位的职责和任务。他们上任不久就发现了诸多问题，如乌达区的城市建设严重缺失、职工住房奇缺、工业底子薄弱等。1983年年底，国民经济总产值只有608万元。经过认真调查研究，乌达市领导下决心逐步解决这些老大难问题。

城区里已经规划好的解放路、建设路、公园路、巴音赛大街、先锋街、胜利街等多条街路，有的未通，有的还是土路。街路两旁的行道树、绿化带，有的残缺，有的根本没有。为了尽快弥补健全这些城建缺失，乌达区财政尽量压缩其他支出，挤出一部分资金，先解决主要街路的硬化问题。

同时发动各机关、各学校、各行各业参加义务劳动，在已成型的街路两旁种树。经过几年的努力，主要街路全部硬化，并栽活了很多街路的绿化树，使乌达区的城市建设面貌一新。

职工住房欠账很多。为解决这一与职工生活直接相关的问题，乌达区财政尽最大努力，在上级部门的适当支持下，于 1984 年共建起职工住房 118 户（每户 50 平方米的平房），使职工住房紧张的状况得到了缓解。在此期间，区属企业也解决了不少的职工住房。

乌达区大面积平房相继建成后，又出现诸多新的问题，如占地面积过大，浪费土地资源；水电管网过长，增加维护难度等。这些问题很快又列入了政府办公会议的议事日程。经广泛调查，集思广益，达成了共识，就是减少盖平房，逐步向楼房过渡。特别是街路两旁，一律建楼房。后来的各届政府也都严格按照这个规划逐步部署，现在已经大见成效：城市变得亮丽了，建平房的各种弊端也都没有了。

随着乌达区城市功能逐步完善，乌达区为煤炭生产服务已形成固定格局，而乌达区的工业发展也开始向自成体系、自我发展的模式迈进。

工业发展是乌达区的主要经济来源，也是能否存在的生命线，所以必须把这一关系到国计民生的艰巨任务紧紧抓住不放，才能使乌达的经济来源逐步扩大，并由被动转向主动。

乌达区的经济应该怎么抓，抓什么，这一问题始终是乌达区党委和区政府最先考虑的。经过反复研究，他们的决策是：首先把原有的企业整顿好，使之能够正常运转，并在原有的基础上逐步改造，逐步扩建。逐步淘汰落后生产方式，走半机械化或机械化的道路，为将来走向自动化打好基础。努力提高经济效益，减轻工人的劳动强度，使企业进入良性循环的轨道。

首先是乌达区服装厂和北京大华衬衫厂的成功合作，生产出名牌产品——天坛牌衬衫，为全区改造老企业的工作树立了样板，激发各个企业走出去引进来的积极性。紧随其后的是制鞋厂，全厂职工在厂长苗雨霖的带领下，改造了旧设备，增添了新机器，使乌达布鞋一度打到北京市场。紧接着软体家具厂引进了香港工艺，产品迅即成名。随后木器厂、五金厂、皮毛厂、砖瓦厂、耐火厂等在原有的基础上，都前进了一大步。

但是乌达区委区政府没有满足已经取得的这些成绩，为进一步加快乌达区经济发展的速度，他们决定到发展速度较快的苏南参观学习。1984年两大班子一行9人到苏南，后又转道去山东。通过这次参观学习，他们终于找到了自己的发展方向。

政府一班人在党委的领导下，组建了经济开发办，经济开发办多次到化工部的化工情报研究所求援，得到他们的热情帮助和积极支持，针对乌达的特点，在煤上大做文章。1985年建了洗煤厂、焦化厂，1986年筹建了电石厂。这些企业的生产方式虽然仍旧比较粗放、落后，但是产业链很长，所以以焦炭、电石起步符合乌达区的现实条件和实际情况。

紧接着又开始进行石灰氮、双氢胺、硫脲、草酸、黄磷等项目的调研论证工作。区党委区政府一致认为这几个项目都可上，并抽调人员组成了各个项目的筹备组，开始实际运作。

经过各项目组的认真考察对比，决定石灰氮、双氢胺项目用杭州化工厂（以下简称“杭化”）的技术。筹备组的同志多次到杭州与对方接洽、协商，最终成功签约。杭化派来工程技术人员，乌达方面积极配合，双方齐心协力，建厂房、安装、调试设备，一年后生产出合格的产品。

黄磷项目决定用宝鸡黄磷厂的技术。不到一年顺利投产，随后草酸、硫脲也建成达产。

在所有项目开工前，各项目筹备组负责项目的建议书、可研报告和施工设计等诸多程序的过关问题，经过筹备组废寝忘食的努力工作，都取得了成功。可是资金从哪里来？这一关键问题得不到解决，其他的努力都是徒劳。这些同志不管年龄大小、职位高低，一律以普通一兵的姿态向各级银行求助。大家既有分工又能同心协力，遇到难题时，区领导主动出马。特别值得一提的是，市级领导也对乌达区的这些工作给予了极大的关注，甚至和他们一起跑银行，解决资金问题。

为了项目顺利落实，大家把所有能利用的关系都利用起来了。同志们诙谐地说，要想办成事，必须“嘴勤腿勤脸皮厚，见了空子往前凑”。有的领导甚至被上面有关部门的人推出门外，但大家毫不气馁，上午被推出来，下午又到了他们的办公室。经过几年艰苦卓绝的工作，先后落实贷款 4300 多万元，五年内全部建成已论证的项目，并投产达标。

在此基础上，从 1990 年开始千方百计从外省（区）引进运用本地产品做原料的化工项目。首先是金属钠。乌达经济开发办的同志在国务院化工部情报研究所得知，吉兰泰盐场正在考察金属钠项目。于是他们又迅速跑到吉兰泰，经与吉兰泰盐场领导多次商谈，多次勘探，初步确定把金属钠厂建到现在乌达工业园区的荒地上。虽然“六通一平”等基本条件还八字无一撇，压力很大，但他们没有退缩。区党政领导会同项目组立即进入现场具体考察，并指挥各部门迅速动起来，全面铺开了金属钠项目的前期准备工作。

“六通”中最难的一项是通电，因为附近没有大功率变电站，金属钠是高耗能产品，没有大功率电源等于是“无米之炊”，乌达区供电分局也无能为力。乌达区党政领导与乌海市供电局接洽，并汇报给市领导。经过多方努力，乌海市供电局下大决心为金属钠项目建了一座较大的变电站，使这一项目的最大难题迎刃而解。1992 年，金属钠项目终于正式投产，为大项目的引进创造了一个良好的典范，对建设乌达工业园区也是一个很好的启示。随后乌达区委区政府决定，就在这片荒野上建立了工业园区，通水、通气、通电、通路，还解决了通讯问题。经过不断努力，引进了大批新项目，工业园区形成了一定规模，乌达区的经济发展又上了一个新台阶。

综上所述，乌达区的经济建设是在特别困难条件下起步，是几代人的心血和汗水浇铸成的，在错综复杂的道路上坚持发展，为后来工业的进一步发展奠定了良好的基础。

烈士英名永存乌达大地

——记为保护民兵生命安全而壮烈牺牲的烈士魏树森

◎张百会

烈士魏树森遗照

魏树森是1947年入伍的老战士。在炮火纷飞的解放战争年代，战斗在游击区，全力以赴完成党交给的各项战斗任务，他舍生忘死用热血诠释初心，是深受战友们喜欢的“红小鬼”。中华人民共和国成立后，他仍然保持和发扬战争年代那一股劲，无论走到哪里，都倾注自己的全部精力践行着共产党人的使命，曾经十二次立功受奖，被人们誉为“老黄牛”。他曾奋不顾身拦截惊马抢救被套镫的战友；他曾冒着生命危险，抢救误趴在即将引爆的炸药包旁的新战士；他曾不顾个人安危，手提镐头，脚踏险冰，带领民兵在冰坝上安放炸药，疏通河道，保护了黄河岸边人民生命财产的安全……魏树森的心里装着人民。“为人民的利益，哪怕豁出自己的生命！”这是魏树森曾写下的话，他用实际行动鲜活地将党的宗旨写进了他短暂的生命旅程。

魏树森指导民兵训练

1969 年，魏树森来到乌达市武装部工作。第二年组织上安排他到地方工作，担任乌达市生产建设部（以下简称“生建部”）副主任。职务高了，担子重了，魏树森更是忙得整天脚不沾地。他把机关的工作尽量放在晚上做，白天经常在基层厂矿跑。他整天是一副矿工打扮，蹲点劳动，调查研究，同大家滚爬在一起。下井跟班劳动，他专挑重活干，同工人们肩并肩地攻克生产难关。当时的生建部管人管财又管物。有人劝他置点“家底”，有人则主动把“好处”送上门来。但是都被魏树森拒绝了。他回答得很干脆：“咱们共产党员，不能搞那些歪的邪的。”有一段时间，市场上手表数量不多，由生建部掌握分配。有人见魏树森只有一块已经破旧的手表，便劝他换一

烈士命名暨追悼大会

换，魏树森摇摇头说：“我能有今天，全凭党的教育，人民的培养，一事当前，应当先想到党，先想到群众，这才是大理大法呀！”直到牺牲，他仍然戴着那块老掉牙的表。群众感动地说：“老魏干工作不掺半点假。”

1974 年 10 月 13 日，魏树森带领一支民兵小分队，来到乌达梁家沟一片开阔地上进行爆破实战演习，他把 3 个 3 公斤重的炸药包连接在一起，并排放在埋好底药的抛射坑内，就在他拴第二个炸药包的拉火管时出现险情。他迅速环视前方的 9 名民兵，疾呼：“不好，要炸，快离开！”抱起冒烟的炸药包，回身向无人区冲去，当他正要把炸药包抛出去时，忽然发现民兵副班长杨树生蹲在前面坑边，他将小杨推倒，就在他继续往前冲的时候，炸药包爆炸了。在场的民兵安然无恙，魏树森光荣牺牲，年仅 44 岁。英雄的事迹在乌海传颂，著名歌唱家马玉涛创作了歌曲《歌唱英雄魏树森》。北京军区举行隆重的记功大会，北京军区副司令员兼内蒙古军区司令员、中共内蒙古自治区委员会第一书记尤太忠将军主持大会、北京军区副政委兼内蒙古军区政委吴涛宣布北京军区命令，给魏树森同志追记一等功。民政部批准魏树森为革命烈士。

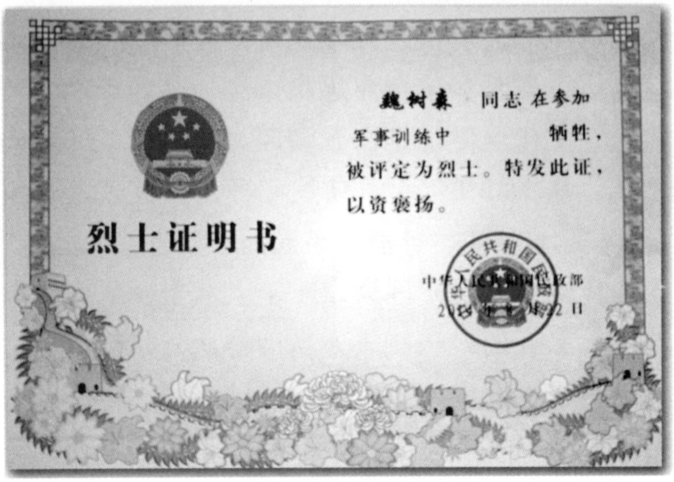

民政部颁发的烈士证明书

（本文图片提供：张百会）

乌达乌兰牧骑的前世今生

◎张百会

20 世纪 50 年代是一个火红的年代。

正是在这个火红的年代拉开了乌达的开发建设大幕。

包兰铁路、贺兰山煤田……一个一个关系国计民生的项目在这里如火如荼地展开。一时乌达大地风生水起、万人上山，一代建设者开往这里，风展红旗如画，群山沸腾了。一个新兴的工业基地崛起在亘古荒原之上。

随着一个又一个企业的建立，企业管理者们站在鼓舞斗志、凝聚人心的高度组织了丰富多彩的文化活动，其中专业队伍乌兰牧骑便是文化活动的主力军，成为火红年代的一面火红的旗帜，引导人们投身火热的建设之中。

伴随着乌达地区的大规模开发和建设，大部分企业陆续都建立了自己的业余文艺队伍。当时多数企业远离市区，驻地分散。乌达的产业工人来自五湖四海，文化习俗也是由五湖四海汇集而成。因此，根据乌达地区的实际情况，从 1959 年起，乌达矿务局成立了京剧团和晋剧团，局洗煤厂成立了文艺宣传队，苏海图矿成立了河北梆子剧团、豫剧团。

这些业余团体深入到各矿区为煤矿工人演出，从剧种上基本满足了来自全国各地煤矿工人的口味。成为当地群众文化生活的亮点，并在各种文艺演出活动中取得好成绩。有些节目被内蒙古自治区广播电台选录播放。乌达矿务局京剧团、桌子山矿务局晋剧队排练了样板戏《沙家浜》《智取威虎山》，除在矿区演出外，还到邻近的托克托县、巴彦淖尔、石嘴山市、银川等地区演出。

这时在全国文艺界，一面鲜红的旗帜在飘扬——诞生在苏尼特大草原的乌兰牧骑。乌兰牧骑的队员个个一专多能，吹、拉、弹、唱、舞无所不会；乐器简单轻便，全队只要一辆马车便能拉走，因而被誉为“一辆马车上的文化工作队”。这种精悍的文化工作队，演出不受场地、舞台、布景等限制，随时随地可演，给了乌达矿务局建设者以很大启发。1965年，乌达矿务局从内蒙古歌舞团和内蒙古艺校招来十几个专业演员，正式成立了矿区乌兰牧骑，共 15 人左右。队员基本达到了一专多能。这批队员专业水平很高。如舞蹈演员蒋鹏，南方人，舞蹈水准很高。他们主要表演小型歌舞，如双人舞《红军过草地》，少数民族舞《快乐的啰嗦》，还有独唱、独奏等。当时主要演员还有栗森、石儒、蒋鹏、王立儒等人。还编创了《矿工舞》，排练了话剧《年轻的一代》和《千万不要忘记》等，

乌达市乌兰牧骑的队员合影，此时的名字为“乌达市毛泽东思想宣传队”

在各矿进行演出，为乌达地区的文艺舞台增添了新的形式和内容。乌达矿务局乌兰牧骑非常适合矿工的需要，成为了宣传工作队、文艺辅导队、

生活服务队。

然而，在下矿区演出的路上，一场意外的车祸夺去了数名队员的生命。1967 年矿务局乌兰牧骑到东方红矿（黄白茨矿）俱乐部演出途中，在白房子铁道交叉路口，汽车与火车相撞，造成部分人员伤亡。此后乌达矿务局乌兰牧骑元气大伤，便匆匆结束了历史使命。1967 年乌达矿务局乌兰牧骑便宣告解散了。

乌兰牧骑在农区演出

1966 年 8 月，当时的乌达市也成立了的乌兰牧骑，是整个“文化大革命”期间乌达主要的专业文艺团体之一，也成为一面旗帜。第一任队长是杨永明，队员有赵正林、赵良成、闪桂琴、任英俊等 10 余人。

1968年，中央戏剧学院一批学生被分配到乌达市乌兰牧骑，编制增加到40人。1971年2月，乌兰牧骑人员做了调整。第二任队长仲维民，队员有赵正林、刘连生、卢凤瑞、刘智敏等28名队员，改名为“毛泽东思想宣传队”。1973年乌达市“毛泽东思想宣传队”又更名为“乌达市乌兰牧骑”。1974年，乌兰牧骑由赵正林负责，又新招了一批新队员有石红晶、杨玉清、高娃、郑方等。

1966—1976年正是“文化大革命”期间，各种古装戏和传统剧目统统被禁锢。乌达市乌兰牧骑在文艺舞台上演出的节目形式和内容，除了学演革命样板戏之外，主要是演唱当时流行的革命歌曲，跳一些反映革命题材的民族舞蹈和一些口号式的说唱节目，同时创作演出了大量反映矿工生活的文艺节目。

乌兰牧骑在矿工俱乐部演出

乌达市乌兰牧骑与时代同频共振，演出的节目短小精悍、内容丰富、形式活泼多样。演出队伍到农村去、到矿区去、到军营去，经常下基层演出。给乌达人民留下了深刻的印象。如1972年，乌达市修建铁桥扬水站，队员们天天在工地上边劳动边演出。乌达市乌兰牧骑参加了“全盟乌兰牧骑文艺会演”，以其独特的芭蕾舞赢得了大会的一致好评。1975年，乌达又修建河拐子扬水站，他们又搬着行李卷吃住在河拐子工地上一个多月，一边劳动一边演出，深受工地上广大干部职工和知青的欢迎。乌兰牧骑老队员芦凤瑞回忆说，冬天到矿山演出，近处就徒步前往，远处就搭拉货的大卡车去。寒冬腊月，滴水成冰，那也难不倒我们，穿上皮袄把头巾围好，大家坐到一起挤着点，互相取暖，男同志让着女同志，互相关心。到了演出地点，脚已冻麻不会走路了，互相扶着进屋暖和一下，马上演出。记得有一次我们到教子沟煤矿礼堂为矿工演出，正是三伏天，酷暑难耐，温度在35℃以上。礼堂里坐满了观众，连走廊里也是孩子和老人，挤得水泄不通，天气本来就热，再加上人多，空气不流通，礼堂成了桑拿房。我们的舞蹈是一个接一个，因为演员少，跳完舞马上又去唱歌，汗水顺着脸往下流，把眼蜇的都睁不开。但领导对我们有要求，上台是不能擦汗的，只有忍着坚持到底，我们要对得起观众，看到他们对艺术的渴望，只有做到最好，才能永远走在人民群众的心里。乌兰牧骑老队员刘智敏回忆说，他18岁便来到了乌达市乌兰牧骑。乌兰牧骑给了他激情燃烧的文艺岁月。在乌兰牧骑的日子，吃苦受累是家常便饭。他演小戏、学乐器、搞财务、当保管，一专多能，还受过伤，在舞台上晕倒过，他说：“我将青春奉献给了乌达人民，奉献给了喜欢我的那些观众，奉献给了乌兰牧骑事业。”

1974年10月13日年仅44岁的乌达市武装部科长魏树森在乌达梁家沟现场指导民兵“三二〇”爆破训练实施作业中，为抢救在场的民兵安全脱险光荣牺牲。魏树森舍身救人的事迹，在乌达广大群众中引起强烈反响。北京军区、内蒙古军区分别作出向魏树森同志学习的决定，内蒙古军区给魏树森追记特等功，内蒙古自治区革命委员会批准魏树森为革命烈士。乌达乌兰牧骑组织了《歌唱英雄魏树森》调演和专题诗歌演唱会，还到临河、磴口地区进行了演出，起到了以高尚的精神塑造人、以优秀的作品鼓舞人的社会效果。

乌达市乌兰牧骑非常重视人才队伍建设，1972 年，乌达市乌兰牧骑派人参加了内蒙古自治区在杭锦后旗举办为期两个月的内蒙古民族舞蹈训练班。12 月，自治区召开为期二十多天的文艺创作会，乌达市乌兰牧骑派人出席了会议。特别是著名歌唱家德德玛曾经来到乌达市乌兰牧骑工作，在乌达市乌兰牧骑艺术史上写下了浓重的一笔。

那是 1972 年 7 月，当时正值“文化大革命”后期，德德玛工作的内蒙古巴盟歌舞团乱了，演员们无事可干，德德玛也被发配到乌达市砖瓦厂工作。砖瓦厂的工作无非就是脱土坯、出窑、背砖，一个 20 岁出头的女孩子根本适应不了这种高强度的重体力活，因而砖瓦厂的领导死活不肯接收德德玛。在这种情况下，乌达市乌兰牧骑把德德玛邀请到乌兰牧骑工作，成为主唱演员。她演唱声音浑厚纯美，音域宽阔，气息通畅，富于激情，具有强烈的艺术感染力。她的歌路十分宽广，既善于演唱蒙古族长调民歌，又能演唱大型艺术歌曲。当时主要唱红歌，如《游击队之歌》等，非常励志。她的演唱很受乌达的群众欢迎，每次演出都要返场七八次。德德玛在乌达乌兰牧骑工作了三四个月，就被宁夏歌舞团招走了。正是这段经历，使蒙古族女中音歌唱家德德玛一直把乌达当作自己“第二故乡”。她曾经深情地说：“乌兰牧骑对我的影响非常大，如果没有这个平台，我也不会走上音乐这条道路。”

1976 年 1 月，国务院批准成立乌海市，原巴彦淖尔盟乌达市乌兰牧骑与伊克召盟海勃湾市原“毛泽东思想宣传队”合并，组建成立了乌海市文工团。

时光荏苒，岁月如梭。中国特色社会主义进入了新时代。在十九大上，习近平总书记明确指出，在现阶段我国社会的主要矛盾是人民日益增长的美好生活需要和不平衡不充分的发展之间的矛盾。在十九大刚刚闭幕后的 2017 年 11 月 21 日，习近平总书记给内蒙古自治区苏尼特右旗乌兰牧骑队员们的回信中说“乌兰牧骑的长盛不衰表明，人民需要艺术，艺术也需要人民。”殷切地希望“大力弘扬乌兰牧骑的优良传统，扎根生活沃土，服务牧民群众，推动文艺创新，努力创作更多接地气、传得开、留得下的优秀作品，永远做草原上的‘红色文艺轻骑兵’”。

2018 年 1 月 22 日，乌海市举行隆重仪式，向乌兰牧骑正式授旗，标志着乌兰牧骑这面鲜红的旗帜再次飘扬在乌海的天空，再次飘扬在沸腾的群山热土，指引着文艺前进的方向。

（本文图片提供：张百会）

乌达第一座大型体育场建设纪实

◎许培龙 赵绥德

1975年建成投入使用。

2006年被彻底拆除。

31年。

乌达市体育场陪伴乌达地区十余万人民群众，度过了多少让人快乐、使人激动、令人振奋的时光。如今，它像一位完成了自己历史使命的老人，从人们的视线中彻底消失，没留下一点痕迹。但是，人们会忘记它吗?那一幕幕如立体电影般鲜活而又生动的往事并非过眼的烟云，它们必定会成为一些人心灵中的一道风景，精神上的一笔财富。

1975年，在乌达红旗煤矿上班的赵绥德正当青春年华。这是一个有梦想，有抱负，也有干劲的青年。在单位，他兢兢业业，努力工作，被矿领导所看好，是重点培养的苗子。但仅仅如此，似乎还无法完全消耗他所有的激情。也就是这样的激情，推动着他走进了乌达市体育场那热火朝天的建筑工地。

广播喇叭中，广播员激情洋溢的声音吸引了他的脚步。

工地现场，热火朝天的劳动场景，更点燃了他青春的热血。

一个和他年龄相仿的小伙子热情地邀约：

“来吧。一看你就是一个干活的好手。”

工地负责人也过来登记了他的名字，给他安排了工作。

很快他便融入这个劳动的群体。这个群体，除了少数的工程技术人员，绝大多数都来自乌达市不同单位、不同阶层。有乌达市委、市政府的机关干部，有学校高年级的学生，也有像赵绥德这样的企业里的工人，甚至还有没工作的家属、待业青年等。他们都是从各种渠道听说了市里要修建体育场，由于资金不足，需要社会各界大力支持，献工献力，义务劳动，因而广大人民积极报名来到工地，加入到这个特殊的群体之中。大家互不相识，却配合默契；没有工资，没有报酬，却积极主动，干劲十足。

这就是那个年代的人，这就是那个年代的社会风气。

在后来的日子里，赵绥德只要白天不上班，就会不由自主地来到这个工地，或者是搬砖，或者是和灰，或者是给瓦工师傅当小工。弄一身泥，累一身汗，但心里感到格外充足，这一天才算完美。

煤矿工人除了过年过节，平时是没有休息日的。赵绥德都是利用夜班白天在家休息的时间来参加义务劳动。矿上的工作大都是重体力劳动。但是他就是觉得有使不完的劲儿。熟悉之后，他知道了那个一开始招呼他的小伙子，是砖瓦厂的工人，姓王，也是一个很上进的青年，在单位很受领导器重。企业的工人都是三班倒的，两人多数时间凑不到一起，但是只要在工地相遇，他们必然会搭成伴儿一起劳动。工间休息时也会坐在一起聊天谈心，甚是默契。事后想起来，赵绥德感慨地说，也是一场意外的缘分吧。

体育场竣工投入使用，乌达市的领导们为了节省资金，节俭办事，只举行了一个简单的仪式。在那个仪式的会场，红旗煤矿的小赵和砖瓦厂的小王又见面了。那时，他们都已经被各自单位的党组织发展成为了预备党员。两人相视，脸上都露出了欣慰的笑容。

关于兴建这座体育场的一些背景情况，乌达区作家协会主席许培龙先生曾经采访过许多当年的参与者和知情者，掌握了大量的第一手资料，并对此做过专题报道。

1975年，“文化大革命”已进入了后期。人们对生活多样化的祈盼，对文体、娱乐活动的需求越来越强烈，而乌达地区的人口已接近9万却没有一个像样的大型文体活动场所。大型会议在哪里召开？大型活动在哪儿举办？在多数电影停演、多数歌曲戏剧停唱的大环境下，群众的业余文体生活如何丰富？这个问题逐渐被乌达市委、市政府的领导们重视起来，而终于被提上了议事日程。当时的市委书记岩峰更是在脑海里反复地思考着解决的办法。关于资金问题、技术问题，特别是占地问题，如果修建一个大型体育场所，位置选在哪里更合适？业余时间，岩峰多次在乌达新区这个弹丸之地来回转悠。一天，他转到电影院的后面，看到好多人围着一个简易篮球场观看打篮球。篮球场虽然是用白灰、炉渣垫起来的，不太平整，但篮球比赛气氛却非常热烈。场上双方激战正酣，而围观者更是情绪激动。前排的坐着蹲着，后排的站着，更后面的干脆搬来石头、砖头，甚至是凳子站在上面看。个个神情投入、津津有味，还不时传出呐喊助威声。

岩峰思路顿开：这个地方不就是一个最佳的位置吗？

常委会上，书记的想法得到了大家一致的赞同。问财政局的负责人，回答是眼下只能拿出 5 万元来。大家一算账，知道 5 万元建一个较大的文体活动场所是远远不够的。怎么办？“世上无难事，只要肯登攀”。决心已定，势在必行，先上马再说。

党委很快形成了兴建体育场的决议，成立了工程建设指挥部，乌达市领导李金铎、贺荣兴、高义、张建等人参与了指挥建设。位置就选在 1960 年建的可容纳 500 名观众的乌达电影院(1982 年翻盖后称乌达东风电影院，曾作为金邦超市，现辟为立得优选超市）的后面（北侧）。经过紧锣密鼓的准备，1975 年春天，一场建体育场的大会战轰轰烈烈地展开了。

为了先从人工费上省“银子”，发动各企事业单位增砖添瓦、动员职工和干部义务劳动。企事业单位的职工、家属星期日集中力量干，平时人们下班晚饭后挑灯夜战。各单位有人的出人，有钱的出钱，有车的出车，施工场地老的、少的人如潮涌，彩旗飘扬，歌声四起。人们的义务劳动一直持续了下来，据不完全统计，义务献工超过了 2 万人次。经过 31 天的紧张施工，体育场有了雏形。经修整、完善，当年秋季，一个按设计可容纳 8000 人观看表演、竞赛的大型露天立体文体活动场所如愿建好，功能较齐备，质量上乘。人们称这处乌达地区最大的文体活动场所为乌达体育场或称灯光球场。

那时，建设起步没有举行奠基仪式，建成后也没搞竣工庆典。领导层认为，那都是形式，没必要花那份钱，体育场建好用上就行了。因此也没有留下奠基、竣工庆典照片。

这处体育场的设计人是乌达市建筑工程队的技术员李国桢，施工单位是乌达市建筑工程队。体育场主体是砖混结构，外形呈椭圆形，南北长约90米，东西宽约70米，外围墙高约6米。东、南、北留有3个大门洞。进到体育场，中间比赛、表演场地是水泥地面，南北长60米左右，东西宽40米左右。主席台设在东侧，主席台下的房间有更衣室、广播室、灯光音响总控室、库房等。主席台离地面高约3米，宽约13米。四面用砖砌、水泥罩面的看台观众席共10层。地面往上第四层留着一圈宽度为1米左右的过道。观众席与表演场地及4层的过道边缘，都以齐腰高铁管焊制漆成白色的围栏隔离。体育场的空中有4道南北走向用钢丝绳吊着的带防雨聚光罩的灯具，夜间进行球赛或其他活动，灯光亮如白昼。据说，整个工程的投资比预算要少，资金主要用在了材料、设备、运输费方面。

出于实际需要，1982年，和主席台背靠背的东面新建了一处二层小楼，总长约15米、总高约7米，一、二层都有和体育场内相通的门。每层各有6间房子，分别用作办公室、器材库房和乒乓球室等。由李保恒设计。

这处立体大型体育场所的兴建，极大地促进了乌达地区人民群众业余文体活动的兴起和发展，而乌达市以及整个乌达地区举办大型集会、大型文艺演出和大型体育比赛都有了较为理想的场所。

1977年7月，乌达地区政企合一，在体育场召开了一次大型会议；1978年、1988年，乌达矿务局建矿20周年、30周年，分别在体育场举办过大型庆典演出活动。规模最大的一次活动是1992年8月，在体育场举办了"'乌达杯'内蒙古职工篮球赛"。开幕式上观众爆满，实际容纳量超过1万人，中国煤矿文工团表演了精彩节目。除此之外，这处体育场的使用也较频繁，发挥着无可替代的作用。乌达地区的文艺部门、中小学、幼儿园等机构曾多次在体育场举行过形式多样的竞赛表演活动。

乌达体育场的东墙外配套开辟了一处宽阔的简易平面文体活动广场，其占地面积是体育场的两倍多。

1992 年 8 月，“乌达杯”内蒙古职工篮球赛在乌达体育场举行，本图为开幕式现场

1999 年 8 月，文体活动广场被开发为乌达广源集贸市场；2006 年，乌达体育场被拆除。

（本文图片摄影：杨儒臣。整理：许培龙）

绿染沙漠忆当年

◎郝逸云

众所周知，早年的乌达，黄沙漫漫，一片荒漠。而现在，焕发着勃勃生机的漫天绿色，已经逐渐成为乌达大地的主色调。城区的景观树，城郊的绿化树，黄河沿岸的防风林地和一望无际的绿色农田，把现在的乌达装扮得几乎可以与江南水乡媲美。

这一切，都是当年千千万万个第一代、第二代开发建设乌达的劳动者，用艰苦卓绝的辛勤劳作，用无私无悔的奉献和努力拼搏换来的。这是一个可歌可泣，永远值得人们尊敬的群体。

王玉梅，就是这个群体中的一员。这位全国五一劳动奖章获得者谈起当年她在乌达矿务局林场的经历，时至今日，依然充满了激情。

1958 年，王玉梅出生在巴盟农村。两三岁时跟着妈妈来乌达梁家沟和父亲一起生活。上学、工作，一切似乎平平淡淡，但是从那时候起，王玉梅不但在学习上要强好胜，学习成绩优秀，在生活方面也展露出了她精明能干，且吃苦耐劳的性格。

她的内心憋着一股劲，她不想做一个平庸的人。

中学毕业，王玉梅到矿务局供应处五七农场劳动。场下设队，队下设组。一个组 30 多号人，有 20 多岁的，有 30 多岁的，甚至有四五十岁的。王玉梅年龄最小，18 岁。可是大伙儿毫无争议地推举她当组长，而且都顺顺溜溜地听她的指挥。场长、队长觉得奇怪，问为啥。大伙儿异口同声地说，人家玉梅干在那儿了。不但吃苦耐劳，还处处为大家着想，脏活累活抢着干不说，谁的包干任务完不成，她都会上手去帮忙，不管干到多晚，也要帮着干完才下班。这样的好青年，我们服。

那一年，王玉梅被评为乌达市青年标兵，和其他青年标兵一起，戴着大红花，在乌达新区的大街上游行。

1982 年，辗转调动了几个单位之后，王玉梅到了矿务局林业处林场六分场，成了一名“造林员”。她的具体工作是看水泵。不要以为看水泵是个轻松的营生，它比那些挖树坑、栽树苗的活儿不知道要辛苦多少倍。

刚开始那两年，没有水泵房。夏天还好说，除了蚊虫叮咬让人心烦之外，一早一晚的凉爽还能让人感到几分惬意。可是初春和深秋的夜里，气温堪比寒冬，毛茸茸的劳保大皮袄都抵不住砭人肌骨的寒意。荒郊野外，没有任何遮挡，四周黑漆漆的看不到一点灯光。那时候，林场多数是女职工，看水泵的也都是女职工。女人生来胆小，但是她们没有退缩。王玉梅说那时候她们心里想的全是那些栽在沙窝窝里饥渴的、等待清泉滋润的小树苗，小树苗像是一群柔弱的婴儿，眼巴巴地等着她们去拯救。责任心让她们忘记了害怕，忘记了酷暑严寒。

是的，树苗就栽在沙窝里。那个时候的乌达地区，黄沙漫漫，放眼望去，绿色少得可怜。当时缺乏现在的科技手段，植树造林的难度，没有经历过的人，根本是难以想象的。水泵抽出来的水，在沙地上挖出的渠道里艰难地蠕动爬行，还没有沙地里的黑牛牛（当地沙漠里的一种昆虫之名）跑得快。而且，稍不留神，渠堰就会被冲开，流水四处漫溢，白费好多人力物力。她们不得不马不停蹄地来回奔走巡视，树种到多远，她们就得跑到多远。有时一个班下来，得走几十公里的路。

沙地像个大漏勺，贪婪地吞噬着珍贵的水，仿佛有多少水都满足不了它的饥渴。而那些可怜的小树苗，一两天得不到浇灌，就会泛黄、发蔫，奄奄一息。王玉梅她们不得不每天来回地反复查看，以确保每一株小苗都能得到水的滋润。

春季风沙大，一夜大风，大部分水渠都不见了踪影。她们等不及队里派人来再挖，就自己拿一把铁锹，约摸着渠道原来的路线，一锹一锹的把沙土清出去。她们心里只有那些树苗，只有那一片片绿色。多吃些苦，多付出些劳动，只要能救活那些树苗，能挽救一片绿色，对她们来说就是最好的回报。

她们的辛苦没有白费，树林一片片成活，绿色一点点扩展。让她们非常有成就感。而王玉梅的表现最为突出，她负责灌溉的上百亩林地，成活率最高，没有一片因为缺水而导致树苗死亡。

随着植树造林的面积逐步扩大，林业处加大投入，不断增加机井的数量，并且都给盖了水泵房。由于王玉梅经验丰富，责任心强，成绩斐然，处里把她抽出来，不再单纯地看水泵，而是巡回在各个水泵房之间，去指导那些新上岗的水泵工。指导她们如何维护水泵，指导她们合理地分配使用水源，最重要的是培养她们建立高度的责任心，督促她们把自己的工作做到位，确保树苗的成活率。

可以想见，王玉梅更加忙碌了。林地一点点扩展，绿色一步步漫延，王玉梅的足迹遍布在这片绿色海洋的每一个角落。最多的时候，水泵房有十几处，王玉梅几乎每天都要跑一遍，而且不单纯只是“跑”，很多时候，她都会和那些经验不足的女工一起，去巡视查看那一片林地的具体情况，去检查水流是否到达了每一个角落，甚至和她们一起清沙挖渠、引导水流。

虽然辛苦，但是，看着黄沙漫漫的沙漠被生机盎然的绿色一点一点地浸染，看着一片片林地以胜利者的姿态，向着沙漠顽强地挺进，看着乌达大地上绿色越来越占据主导地位，再回首过去那黄沙漫漫的情景，两幅画面对比，王玉梅忽然发现，自己似乎正在从事着一项非常有意义的事业。这个事业，甚至可以称之为“伟大”！

王玉梅的脑海里突然蹦出一个成语：“改天换地”。

是的，就是改天换地。

改天换地，难道还不“伟大”！

当然，王玉梅知道，自己只是这伟大事业中的“沧海一粟”。她身边的那些兄弟姐妹们，和她一起，都在为这个伟大的事业努力着、拼搏着、奉献着。每当想到这些，她就更加坚定了要为这个“伟大”奉献全部力量的决心。

当王玉梅突然发现自己工作的伟大意义时，林场和林业处的领导，也渐渐地发现了这个年轻女职工身上的巨大潜力。

领导们的这一发现，直接又赋予了王玉梅一个新的身份——林场的“110”。哪里出现了“险情”，林场领导第一个想到的就是：让王玉梅去！

“险情”是什么？当然与林地、树苗有关。

随着林场的规模扩大，人员增多，植树造林面积的不断增加，林地管护工作的难度也越来越大。沙地造林，本来成活率就低，一旦管护不到位，已经成活的树苗也会出现成片死亡的现象。

于是，那段时间，王玉梅就像是救火队员一样。哪里出现了林地树苗成片死亡，王玉梅就会被派过去。有时带几个人，有时索性就她自己，一头扎进林地，没日没夜的忙碌起来。水浇不到的地方，她重新整修土地，开沟挖渠；对那些奄奄一息的树苗，她加大水量，一直到它们重新枝繁叶茂；已经枯死的树苗，她一棵一棵地重新补栽……一段时间以后，林地又重新恢复了生机。可是，没等她来得及享受一下胜利的喜悦，另一处“险情”又在催促着她，她二话不说，像赶去救火一样，马不停蹄地又赶了过去。

其实，要管护好林地，经验固然有一定作用，但更重要的是责任心，还要吃得了苦。沙漠植树，水是关键，一台水泵管一片林地。开泵时间的长短，就决定了林地能否得到需要的水量。王玉梅比别人多的就是辛苦，就是责任心。别人一到天黑就下班回家了，她却把铺盖拿到泵房，连明彻夜地开着泵；水泵出现故障，别人是等着场里派人来修理，她嫌耽误时间，自己上手修理；水泵工作着，别人多数时间是真的在泵房里“看水泵”，而她多数时间是扛着锹，在林地里来回巡查……即便是夜里也不例外。

有一次，老公给她送饭，看到远离市区的大荒滩，孤零零的水泵房，只有自己的妻子一个人，感到非常意外，他的眼睑湿润了。夜里，他留下来陪她，林地里多了一个人的身影，多了一行脚印……

王玉梅记不清自己“转战”了多少个地方。她只知道她没有辜负大家的期望，每到一个地方，她都成功地扑灭了那里的“险情”，挽救了那一片即将消失的绿色，让乌达大地又多了一道希望的风景。后来，评先进的时候，场里总结她的事迹，她才知道，她当“救火队”的这段时间里，足迹竟然走遍林场所有林地一半有余的面积。全林场这些年共植树造林五千多亩，那她挽救过的林地不就是两千多亩吗?

有这么多? 王玉梅自己都有点不相信了。

就是这么多! 场领导肯定地告诉她。

嗯。王玉梅接受了这个现实。先前的那种成就感和自豪感瞬间又浸透了她的身心。她骑着自行车行驶在上下班的路上，路边成片的树林，树苗都已经长得有碗口粗了，微风吹过，树叶沙沙地吟唱，仿佛是在向她汇报自己成长的心得，又像是在感谢她的精心培养。而在她看来，如果那些树苗真的有灵性，在和她交流，那它们一定是在给她加油鼓劲:让乌达大地再多些绿色! 再多些绿色!

1987 年，王玉梅担任了林场六分场的副场长。场长赵才智是全国造林先进个人。经验丰富，吃苦耐劳。王玉梅说，在老场长的身上，她学到了不少东西。

其实，他们本来就是一类人。

1988年、1989年，丈夫病重，王玉梅不得不脱产，陪着老公四处求医。1990 年，丈夫病情好转，王玉梅重新回到林场报到。各个分场听说后，争抢着跑来场里要她。局林业处也不客气，直接把人要回到处里。处长说，全处的人你随便挑，给我弄一个科技试验小组! 有信心吗?

在王玉梅的人生字典里，会有“没信心”这三个字吗?

科技试验小组成立三年，搞出多项科技成果，明显提高了各分场的生产效率和经济效益。

1996 年，王玉梅回到六分场主抓蔬菜大棚建设。

那一时期，乌达矿务局正处在最低谷，最不景气的状态中，林场的经营更是举步维艰。建蔬菜大棚，就是准备林场解散后作为下岗职工们维持生计的一条出路，把大棚分给他们，让他们自主经营。

这一年，林场解散。王玉梅也和其他职工一起下岗。

其实，她有机会不用下岗的。局林业处早已和她谈过话，林场解散，处里会给她另外安排岗位。

但是，王玉梅拒绝了。

王玉梅在猪舍里喂猪

理由很简单。我是共产党员，我不能搞特殊化。我要带个好头，让大家知道，自谋出路，天地更广阔。

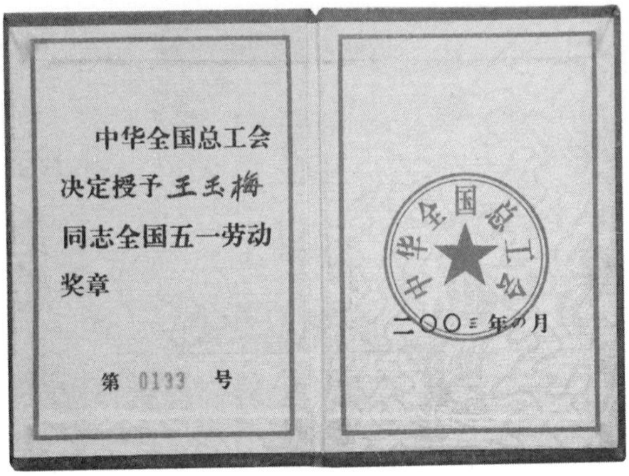

中华全国总工会
决定授予王玉梅
同志全国五一劳动
奖章

第 0133 号

中华全国总工会

二〇〇三年四月

王玉梅获得的全国五一劳动奖章和证书

王玉梅用实际行动证实了自己所坚守的理念。在她承包的土地上，她干得有声有色，收入增加了，信心更足了，眼界更宽阔了。后来她又在领导的鼓励和支持下，和林业处签订了大承包合同，一下子承包了300 亩土地，搞起了种植、养殖、绿化造林的绿色环保循环经济。既解决了一大批下岗职工再就业的问题，也为乌达大地增添了更多的绿色，闯出了一条下岗职工再就业的希望之路。

2003 年，王玉梅获得了中华全国总工会颁发的“五一劳动奖章”。那前前后后的几年中，她又相继获得内蒙古“劳动模范”“优秀共产党员”，乌海市“劳动模范”“优秀共产党员”等一系列的荣誉。

但是，王玉梅说，她最怀念的，也是让她最有成就感的，还是她在矿务局林场植树造林的那段生活。每当她看到乌达城郊那大片大片的农田和树林，看到乌达的风沙越来越小，天越来越蓝，空气越来越清新，她就觉得那一段艰难岁月弥足珍贵。

（本文图片提供：王玉梅）

他们是建设乌达的主力军
——记那些年我采访过的苏海图煤矿矿工们

◎马亚波

自从1985年加入到新闻工作者队伍后，我曾经多次到乌达矿务局采煤第一线去采访。毕竟这是一个大型国有企业，在乌海称得上是庞然大物，更是雄踞乌达地域经济龙头老大，支撑着乌达，乃至乌海市的经济半边天。

在800米井下，在煤矿工人们辛勤打造的“地下城市”中，我无时不在被震撼，被感动。庞大的综采机马达轰鸣，震耳欲聋。高速旋转的割煤机滚筒，把煤层切割得如同瓦工抹过的沙灰墙一般，齐齐整整，闪闪发亮。机头下面，煤浪翻涌，宛如一条奔腾的乌龙。昼夜之间，两千吨原煤从八百米深处涌向井口，涌向洗煤厂。

1991年，我再次来到乌达矿务局苏海图煤矿采访。

我知道，要找这个矿的领导，到办公室十有八九会扑空，你最好是去第一线，到现场、到工人中间去。

来到综采工作面，因噪音大。我不得不大声喊着询问矿长和党委书记的去向。有人说“刚才还在，转身就不见了”。我看了一下周围的环境，两排金属液压支柱在矿灯的照耀下，熠熠生辉。巨人般地矗立着，支撑着上边的大山。几个人正在那儿比比划划，吼喊着什么。井下装束基本一样，脸上黑一片、白一片，简直分辨不出哪是张三，哪是李四。

党委副书记倒是在，他正黑着脸批评一位副队长，这位副队长带班，只是当班的采煤任务没有完成，在电机不加油，割煤机滚筒缺两个齿也不去更换的情况下就交了班。党委副书记生气啊，今年是质量、品种、效益年。大家都在为达到“部特级”拼命，一个副队长怎么能这样不负责任。

早就听说，乌达矿务局苏海图煤矿党政一班人，配合默契，一个六千人的大矿，抓得有条不紊、生机勃勃。矿井质量标准化建设轰轰烈烈。矿领导经常现场办公解决问题，把标准化建设推向一个新的台阶。1991 年上半年，有关方面检查，标准化建设已达部一级标准。上半年生产煤炭 63 万吨，完成全年任务的 52.5%。可他们没有一个满足现状的，正向“部特级”进军。难怪矿长、书记在办公室坐不住呢，更难怪他们对下面基层干部的要求那么严苛呢。

找不到书记、矿长，党委副书记也脱不开身。干脆，不找他们采访了。百闻不如一见，我便跟随引导我的矿上干部，在矿井下来了个随机采访。

苏海图煤矿是一个老矿，采掘条件一年不如一年。别的矿掘进 60 米就可以采出一万吨煤，他们却要掘进 100 米。从井口到采面，平平常常五六公里。而且越采越深，难度越来越大。

井下巷道四通八达，就像地面上的城市街道一样。不同的是井下十来层，完全是立体式的。走在巷道里，第一感觉是平坦。不像以往坑坑洼洼，有时还要跳跃着前进。如今，矿车跑的轨道更换了道木，铁轨笔直地向前延伸。巷道壁上，分布均匀的挂钩上，固定着铁管和电缆线。铁管油漆一新，还散发着些许刺鼻的气味。挂钩全是用废管制作的。用钢锯从中间锯开，弯成钩状，废物利用。为节省原材料，工人们付出多大的劳动啊!

每个拐弯处都钉着一块牌子，标着巷道的名称，就像路标一般。

我们进入井下变电所。真不敢相信，这是在井下，墙壁粉刷过了，地面是用 40 厘米 ×40 厘米的水磨石板铺出来的。几个大型变压器，一字排开，仪表指示器，闪闪烁烁。这样的变电所，井下就有 5 处。

还有几十米，就看见了绞车房。正面墙上，画着一幅壁画。青山绿水，树木葱茏。黑乎乎的巷道，突然出现这样的一幅画，让人为之一振，顿觉心旷神怡。那画是工人画的，画技不高，离远瞧像一回事，走近看就逊色多了。但那是“万黑当中一点绿”，充满了勃勃生机，又是矿工自己的手笔，蕴含着浓浓的感情。过去总有人说，窑黑子们是“井下猛干，井上愣喝，同烧酒有不解之缘”，哪里知道他们广阔的胸怀、粗犷的性格之中还有这么丰富细腻的情感！

水泵房，炸药库，一个个标准化建设就像是一场革命，让井下的一切旧貌换新颜。这样的环境，看一眼都叫人长劲，难怪人们干得那个欢呀！

一队是连续10年达到部级标准的标杆队，队里有好多特别能战斗的矿工。

就说王生晓吧，他的工作是回柱，出煤，那是井下最苦最累的活儿。一年365天，他从来不误一个班。

杨志学当班长，操惯了的心放不下，做惯了的手闲不住。老婆生孩子，他把接生员请到家里。忙了一晚上，第二天早上送走接生员，又欢天喜地地跑到井下。他说，那儿离不开他呢。

胡培荣，他也是采煤一队的，是名共产党员——党员总是走在前面。一场大雨，他的住房塌了。队里帮他解决材料，重新起房盖舍。就是这样的家庭大事，他都没有误过一个班。他工作的巷道，自然渗水，泉眼般地涌出。两台抽水泵，整天突突不停地抽水，巷道里依然积水近尺。7个月啦，天天在水里干活。顶板滴水，衣服像雨淋过的一样，引发关节疼痛。胃病发作，靠服三九胃泰胃药维持工作。每天从井下出来，还要将淋湿的衣服晒干或者准备两套衣服，轮换穿着下井。那是怎样的一种奉献精神！

眼前站着的张有明，大字不识一个，却有一套做思想政治工作的经验。他是机电三队的副队长，兼任组织委员。他的第一条经验是做思想工作如同石头夯地——实（石）打实。他说，共产党员是先锋队，凡事就得走在前，靠实干带动群众。

张有明腰椎变形，经常闹腰疼，有时都直不起身子。甭看他病怏怏的，一年能上400多个班，越是过节越是忙乎。151运输巷两部皮带被200多吨煤泥压住，运输长龙变成一条死龙。这地方特殊，脚下是没膝深的稀软煤泥，头预还滴滴答答地渗水，看一眼愁煞人。张有明二话不说，跳进去就干。不一会儿，衣服就淋透了。队长都这么干，别人还有啥说的？苦战十几个小时，皮带又正常地运行起来。

张有明的第二条经验是要有一副热心肠。他不会讲为群众排忧解难的话，却同工人有一种特殊的感情。矿工徐振德的爱人患病，卧床不起。老徐提出长期上夜班，以便照顾病人。张有明听了心里哆嗦一下，他是家里的顶梁柱，常年上夜班折腾垮身体，一家人可怎么办呢？张有明没有同意，另给徐振德安排了定额工作，只要舍得下气力，短时间就能突击完成。徐振德这样干了一年多，活儿不少干，妻子的病也大有好转，还能下床料理家务。现在呢，徐振德干得越发起劲了。

张有明的第三条经验是循序渐进。用他的活讲，饭要一口一口吃，路要一步一步走。有一个小青年，油嘴滑舌，懒散出名，跳了几个单位，哪个单位都不想要。怎样才能不让他消沉，求上进，重新扬起生活的风帆呢？张有明是一个皮带工，多年的工作有一个深刻的体会，要让压死的皮带重新转动起来，就得减轻皮带的负荷，运转起来再逐步加量。人，何尝不是这样。小青年老缺勤，张有明就上门叫。叫一次，能坚持三五天，再叫，坚持五六天。一次比一次进步。最初让他干清浮煤，掏机尾的轻闲工作，逐步加大工作量。别人对此有意见。张有明解释说：帮助他进步，大家都有责任。照顾他，等于我们学雷锋助人为乐嘛。久而久之，小青年变了，一年多没误一个班，还一再要求到艰苦的岗位上去。改变一个，教育一大片。其他青年看了，心里边翻江倒海，纷纷郑重地交上了入党申请书。

这样的人物，这样的故事，可能三天三夜都讲不完。那一个个朴实而又高大的身影，一桩桩闪烁着光辉色彩的动人事迹。在我的心中留下了不可磨灭的印记。我感谢命运的安排，让我有幸接触到这样一个群体，触摸到他们那纯洁高尚的灵魂，并用我手中的笔记录下他们的事迹，这将是我一生的财富。

我想到了魏巍的《谁是最可爱的人》。

那些默默地奋战在八百米深处的煤矿工人们，不正是当代的我们身边的最可爱的人吗？不正是他们，担当着建设开发乌达主力军的重任吗！

我在乌达求学的日子

◎郝文波

一、我的家乡老磴口

我的家乡老磴口，坐落在乌兰布和的边缘，黄河的西岸。说起历史，这里的情形有些复杂。1926年，冯玉祥将军五原誓师后，向西挺进，将这里设为保证军需供应的“磴口兵站”，并于1929年1月经南京国民政府批准设磴口县，归属宁夏；中华人民共和国成立后，1954年，磴口县直属甘肃省阿拉善自治州；至1956年，自治州改为巴彦淖尔盟，划归内蒙古自治区，磴口自然也归到了内蒙古自治区；20世纪在我上学读书的年代它又归乌达市，名为巴音木仁苏木。

二、去乌达读书

巴音木仁苏木，是一个半农半牧的地方。1960年，我从苏木回民小学校毕业，考到乌达市中学读书。那时磴口归乌达管辖，我们那里的孩子，上中学都得去乌达。

虽说乌达依山傍水，但却是荒山秃岭，一年四季灰蒙蒙的。滔滔黄河水匆匆流过，也没有给乌达这片土地渲染出几分绿色。人们形容“一年一场风，从春刮到冬”，这一切对我们这些从那个半农半牧区出来的孩子来说并不显得陌生。是这里丰富的矿藏以及快速的发展变化迎合了我们这些少年追求梦想的心。

乌达市中学就坐落在乌达新区南大沟旁。大沟的南边是建了一半就下马的发电厂，只有几个护厂人员。学校就两栋教室，我们的宿舍是窑洞房。记忆中宿舍不点炉子，烧着火炕，寒冬时节，每到晚上，我们围在教室的火炉旁，把身子烤热，赶快裹紧衣衫，往宿舍跑，迅速钻进被窝，趁着身上的那点余热，很快进入梦乡，否则的话，在那寒冷的冬夜，要想入睡，真的是一件很困难的事情。可叹我那时尿炕，每每半夜惊醒，臀下一片汪洋，羞愧懊丧不说，想要再续黄粱，已经难上加难了。刚开始，被宿舍里的同学嘲笑，羞愧的无地自容。不过时间不长，竟然发现还有一个“尿友”，于是，两人结伴晾晒被褥，羞愧之心似乎也被分担了似的，不那么沉重了。

学校没有院墙，四周长着沙蒿、冬青和稀稀落落的沙葱。我们这些来自牧区的孩子顽劣调皮，并且禁忌很少，尤其男生女生之间，没那么多的讲究，一起摔跤、打棒球，玩得不亦乐乎。反而是那些来自市里的同学们“封建思想”严重，看到我们男女生搅在一起，对我们耻笑不已。

因为吃不饱，也因为淘气，星期天去农场偷瓜摸菜，拿茶缸子煮沙葱。还聚在一起搞个恶作剧: 看到有人在前面走着，我们便在后面冲着他喊“嗨嗨”，等那人一回头，我们又把头扭向别处，若无其事地接着喊“呀呼嗨嗨，呼呀嗨！”结果常常被人臭骂一顿。

那个时代人们忍饥挨饿，但建设家乡的热情不减。老师领着我们义务劳动，他由于饥饿全身浮肿，拄着锹喘着气，一路上指着地上用白灰洒出的规划线说，这里是商店，那里是邮局，那边是电影院，还有公园。我们以为他是讲故事。可是若干年后，那些故事都变成了现实。

我们挖坑植树从学校端来水浇树。那小树先是怯怯地窜出几片嫩叶，然后慢慢地增多变大，很快绿叶婆娑形成一道亮丽的风景。我们还抬筐担沙修公园。

人真奇怪，当初我们离开原籍来到乌达时思乡心切，总是盼着早点放假，晚上做梦都在家里喂鸡、喂狗、撵骆驼。还经常在同学面前夸耀自己的家乡。后来学校组织学生到我老家磴口附近去支农，帮助农民收割庄稼，那些市里的同学面对茫茫乌兰布和沙漠还有滔滔黄河，鄙夷地说，这是什么破地方。我们还很不服气地和他们争辩。

几年过去，像移植在别处的植物，我们适应了新的环境，竟对乌达这个地方有了依恋。

三、青涩年华

在乌达市中学念完了初中，1963 年我考到乌达矿中去读高中。因为当时乌达市中学只有初中，没有高中。接到录取通知书，我既兴奋又感到孤独。三年前阿左旗巴音木仁苏木回民小学 6 年级 32 名学子，16 人考入了乌达市中学。考高中时，只考取了 3 名，那两个同学放弃了，结果就剩我一个。上初中时，我们一帮同学从磴口来乌达，走前互相招呼邀约，背上行李拿点干粮、咸菜、萝卜，结伴坐上船过黄河，说说笑笑，没怎么歇息就到了火车站，掏出学生证，花一块五毛钱买张车票。下了火车我们结伴抄近路回到学校。一路上高高兴兴，轻轻松松，从来不会感到寂寞，走多远的路都不会感到累。可是现在，我将一个人面对这一切。

记得第一次坐火车上学，有个同学看别人上厕所，他也要体验一把，问我，厕所在哪里？我给他指了指，结果他把厕所门口那个洗手盆当成便池了，正尿得酣畅，被列车员发现，将他臭骂一顿。大家一起起哄嘲笑他，那场景怎一个热闹了得！如今我却形单影只。

那时“三年困难时期”已过去，各项事业都在发展，乌达电厂也已开工建设，新区大街上我们栽的树绿叶婆娑，医院、商店、邮局、新华书店、电影院、公园已开业、开放，一条繁华的街道已具雏形。

“乌达矿务局职工子弟中学”（以下简称“乌达矿中”），坐落在矿务局医院北边的荒滩上。几排砖瓦教室，几排砖窑宿舍。一个很大的食堂，既能满足全校学生用餐，也可用于开全校师生大会。学校的正南方垒了两个砖垛子，表示着那是大门。大门的前边是一条干河槽，学校与乌达新区隔“槽”相望。

乌达矿中也是一所新建没多少年的学校，我们是第二届高中生。学校的西边是一溜沙枣树，树边是一块菜地，种着西葫芦，满足了本校食堂需要后，还有剩余，于是也出售一些。我对此记忆深刻，是因我入校的第二年我家搬到乌素图，因为方便又便宜，我经常给家里买西葫芦。卖菜的是烧锅炉的一位师傅，姓刘，他大板脸尖下巴，极像历史课本里的朱元璋图像，我们背后叫他老朱。他对工作非常认真，是学习《毛泽东选集》积极分子，学校开忆苦思甜大会或“讲用”大会，都会请他上台。他在台上哭的一把鼻涕一把泪，很是感染人。谁知后来竟然查出他是个富农分子，一下子又变成了专政对象，频频地被红卫兵小将和学生们拉出来批斗。命运跟他开了一个不大不小的玩笑，不知道他那时是个什么心情。

有一次刮沙尘暴，来势迅猛，遮天蔽日，伸手不见五指，那片菜地全被沙子掩埋。后来学校又发动学生，将沙子一点点清除掉，菜地又恢复了原来的生机。

毕竟是乌达煤矿学校烧煤，劈柴不限量。我们住的窑洞房要比乌达市中学的大，有床板不用烧炕，地中间安一个很大的铁炉。宿舍里一位同学非常勤快，每天他早早起来把火捅着，给大家提来洗脸水，晚上把炉子烧得通红，整个宿舍暖烘烘的。有一天我光着身子擦洗，一扭身子，“刺啦”一声屁股上烙了一道红印。

四、学习雷锋好榜样

“学习雷锋好榜样”，这段历史在我的记忆里一直熠熠生辉，那是一个难以忘怀的时期啊！毛主席提出“向雷锋同志学习”的伟大号召，紧接着中央的几个领袖也分别为此而题词。榜样的力量真是无穷的，全国全军全体人民都来积极响应；报纸上连篇累牍地发表相关的报道、广播上、电影院整天都是“学习雷锋好榜样，忠于革命忠于党，爱憎分明不忘本，立场坚定斗志强……”的歌声，同期还有王杰、欧阳海、焦裕禄等英模人物的感人事迹轮番地冲击着人们的感官，那真是一个英雄辈出的年代啊！人们无不被感染，被激励，人人想着做好事。我住校，每天想着早点起床，给同室的同学打洗脸水，可你一睁眼，别的同学早就为你打好了；坐火车乘汽车抢着让座，替乘务员扫地，替别人打水；到国营食堂买饭，不用服务员，自己端饭；学校筹划要在后坡上挖建一个游泳池，除了我们老师学生在课余时间挖，那些矿工、机关干部也利用业余时间来帮忙，他们不要报酬，甚至连自己的姓名也不说。英雄的事迹鼓舞着我们，我每次回家路过铁路，站在那里，总希望发现一个破坏铁路的阶级敌人，我会像王杰那样扑上去。结果没发现阶级敌人，反而惹得巡道员警惕地看着我。有一次山洪暴发浊浪涛涛眼看危及学校，学校组织我们去抗洪，我班的一位同学在劳动中把鞋弄丢了，他用光脚板踩锹，把脚割了长长的一道口子，鲜血直流，可他仍然坚持着不停地干；还有一位同学，替另一位家庭困难的同学交了伙食费，却隐姓埋名，不图回报。

现在回想起来，那个年代人们的所作所为，真让人唏嘘感慨。

五、值得骄傲的老矿中

乌达矿中有着雄厚的师资和偌大的一个图书馆（据说是把内蒙古自治区一个学院的图书馆搬了过来）。严谨的学风形成了良好的学习氛围。我上高一时，语文老师宋士杰先生是20世纪50年代的北大毕业生，在课堂上，他时常自豪地将其在北大时和那些外国留学生在一起逛街、去爬长城的经历讲给我们听。他曾是乌达矿工报社的记者，以前矿务局开大会，他端着一个镁光灯照相机，在主席台上或蹲或站，或左或右选好镜头，啪的一声，全场闪电般突然一亮，是那么潇洒自如，对我这样一个从牧区来的孩子来讲，那是多么神圣。在课堂上，他偶尔也会拿出他发表在《乌达矿工报》的文章，念给我们听。我只是听，从来不敢要过来看一看。上高三那年陆鼎祥先生担任我们的语文老师，他曾是北大的教授，那纯正的京腔，渊博的知识震撼了我，尤其是讲到古文，每一个字，每一个词引经据典娓娓道来，我聚精会神地盯着他，听得如痴如醉。

想起来那时真是有些奢侈，教我们俄语的老师，曾是跟随苏联专家的翻译，数学老师也是大学教授，体育老师毕业于北京体育学院，音乐老师的二胡独奏震撼了整个煤城，连图书管理员的都来自复旦大学，生物老师在那么干旱的坡梁上开辟出一个暖棚，里边培育出棉花、花生、红薯等许许多多的作物以及五彩缤纷的花卉，让我这个在乌兰布和沙漠长大的孩子大开眼界。

他们大都是因为家庭出身或某个运动被发配到这里，但是我们一点都不敢小看他们。他们的言谈举止，穿着打扮，尤其是讲到各自科目中对那些科学家、文学家、数学家神往敬仰的神情，深深地打动着我们。

哦，北大、清华、复旦这些星辰般闪耀的名字，那里是培养科学家、文学家、数学家的摇篮，是孕育文化的温床，是我们向往的殿堂。

尴尬的“大集体”

——从我的经历看乌达矿区用工制度的改革历程

◎陈玉亮

1984年12月，乌达矿务局招了一次工，原定500人，后来实际招了1000人，用工形式是国营集体工，俗称：“大集体”，与其相应的还有什么“二集体”“小集体”之类。大集体可以跨省调动，所谓二集体是局里内部招的，可以在全局集体企业范围内调动；小集体是各厂矿劳动服务公司招的，不能流动。实际招工比原计划多了一倍，是为了更多地解决矿区待业青年就业问题。局里和上级主管劳动（人事）部门协调，把原定招的国营正式工（后来统一称之为“国有固定工”）招成了大集体。我是扩招范围内的，对于大集体这一新型用工形式有着特殊的感情。没有大集体，哪有我参加工作的份？也因有大集体这个身份，酸甜苦辣尝了个遍。

矿上招工，男子一般都分配在井下，且首先充实采掘一线。能去井下辅助单位不知道需要有多大门路，到地面工作更无异于天方夜谭。我们这批集体工待遇可不一般，规定不得从事井下作业，全部在地面工作。

参加工作以后，我们大集体的工资比同期正式工低一级，每次工资调整也与国营固定工不同步，需要专门研究调或者不调，什么时候调之类的。每月只有十元的奖金，有时还要少一元。工资级别低是有规定的，奖金少是扣了管理费，大集体的劳动关系在矿劳动服务公司，人在矿里上班，接受矿管理。虽然经济基础决定上层建筑，但经济利益的差别比起不用下井这样的“大关怀”又算得了什么呢！实话说，不用下井实在是个好事情，那时的年轻人，能不下井就不下井，哪有争着下井的。

没高兴多久，一系列事情让我陷入沉思。有一次，一群年轻人在一起聊一些年轻人的事情，一个正式工姑娘说：我跟我妈说看上了一个集体工，我妈说敢找集体工看不打断你的腿。言语间，她明亮的眸子几次瞥向我们几个男工。我审视了一下周围，就自己是个集体工。听得我心里真不是个滋味。那年春节前夕，队里正式工每人发了一副扑克，还组织集体娱乐活动，不给集体工发扑克，也不让参加活动。

1990 年 6 月，我因写过一些小说、散文、报告文学之类的文学作品及新闻稿件，苏海图矿党委主要领导要调我到矿党委机关工作，得知我是集体工身份后，只能实行借调。在借调矿党委宣传部一周后，乌达矿务局主要领导通过局办通知我去局办报到，也因集体工身份无法正式调入，还是借调。虽然这样对于个人工作、成长影响颇大，实在是个遗憾，但我对于领导们在坚持原则基础上的关心爱护，至今心存感谢。对于他们的工作作风、人品报以尊敬。借调 7 个月后，我正式调到专门负责全局多种经营集体经营管理及安置待业青年的多种经营总公司办公室工作。这段工作经历，使我比较具体详尽地了解了乌达矿区集体经济发展和集体工的情况。矿区集体经济被誉为“乌金燃起的另一半火焰”。最辉煌的时候，集体企业产值近亿元，集体工 8000 多人。

20 世纪 90 年代初，矿区的待业青年以每年 2000 多人的速度递增，矿区企业决策层以高度的政治责任感和社会使命感，做出了用若干年实现无待业矿区的宏伟规划，不幸中途夭折，成了一个跨世纪也未能完成的工程。

1996 年，随着国家社保政策的改革，我们这批人作为“混岗集体工”纳入省级社会统筹保障范围，我始知这么多年来自己在企业的身份。

1997 年 3 月，经税企协商，我去了乌达区国税局办公室工作，一干就是十几年，开始称谓是协税员，后叫助征员。我是因工作需要，经乌海市国税局研究招录的协税员，内蒙古自治区国税系统对于 1995 年后招录的协税员不予承认，我的工作身份既非正式工，又非协税员，亦非临时工，不知道该怎么认定。那时候，企业经常拖欠工人工资，而在国税系统能正常发工资，应该是件好事，可是，有些事情也是令人五味杂陈。

起初，我们这类人收入相当于本单位公务员的一半左右，后来不及人家的三分之一。当时，所在单位没给我们交社保，连健康体检也与我们无缘。我就自嘲：这是在祝愿我们永远健康，万寿无疆吧。那年，实行竞争上岗，明文规定：另类人员不得竞岗。十几二十年前，“另类”还属于一个颇为新潮的词，这个“新潮”又一次幸运地降临在了我的头上。当时，系统内每隔几年就通过内部考试在协税员中转录公务员，有时候是退伍军人，有时候是大中专毕业生，无一例外都有一个前置条件：考试资格限定在系统职工子女协税员范围内。唯一一次大范围协税员转录，此次已非转录公务员身份，是什么名头我也不甚了之。因我属于 1995 年后招录的协税员，无资格参加转录，故无意关心那些“劳什子”了。

2003 年，我原所在的企业政策性破产，我参加重组成了股东。也是在那一年，原来的那些二集体、小集体单位全部破产，职工买断工龄纷纷作鸟兽散，集体工这个让人欢喜让人忧的名词彻底退出了矿区历史的舞台。

新世纪第一个十年的末期，我重返企业工作，成为矿上一个合同制员工，至此才真正享受到了同工同酬及相关社保、福利等“国民”待遇。

我前后走过七八家单位，有国有、集体企业，有政府机关部门，每到一处都有一段故事。小故事可以反映大时代。老百姓的“大历史”折射出的是一个国家、一个时代、一个群体和每一个活生生个体生命的历史。随着国家用工用人制度的改革，这些年党政机关、事业单位、国企实行凡进必考，公开透明，只要有志向、有本领，任凭你天高海阔鱼跃龙门。回首我的工作履历，在感慨命运多舛的同时，深知自己本身就是用工体制改革的一个受益者。

一个政协委员的乌达情

◎杨明德

一、情系西山

每年阳春三月，植树节前后的那段日子。我就会想起乌达西山的绿化工程。心中不由得就会升起满满的自豪与欣慰。因为那里倾注了我的心血和感情。

1999年，我有幸成为乌达区政协委员，在2000年的政协小组讨论会上，我提出乌达地区的植树造林问题，提出要在林木的成活率上下功夫，避免年年植树不见树的状况，并在这年的政协提案上，我和其他委员联名首次提出乌达西山绿化工程，在2002年和2003 年，我又连续两次单独以提案形式关心西山绿化工程。

西山，位于乌达新区的西北方向，距离新区不足5公里，是乌达新区的西北屏障。众所周知，乌达是个多风少雨的干旱地区，春夏多东南风，秋冬多西北风，西山的外围又是乌达煤矿的采煤区，风起煤尘飞扬，是新区的重要污染源。另外，乌达这座因煤而生，因煤而兴的塞外小城，20世纪50年代末万人上山为新中国的能源开发做出了巨大贡献。第一代开发者中的一些人因多种原因去世后多葬在西山。经过几十年的无序埋葬，使得本就光秃秃的西山，更是坟冢凌乱，满目疮痍。这种状况，不仅起不到屏障的作用，反而更加重了乌达地区的环境恶化程度。我作为政协委员，既然想到了这个问题，也听到了人民群众的呼声，我就有责任向政府部门传达民声、提出建议、提出设想。这就是我在政协会议上提出这个提案的动因。

让我感到兴奋的是，我们的设想和提案很快变成了现实，2004 年乌达区政府以大手笔，大战略的规划设计，成立了西山绿化管理所和西山陵园管理处，引黄河水上山，在西山掘土为湖，澄浊水为清泉，为植树绿化滴灌提供水源，大搞植树造林。2005 年初春，在乌达区政府的组织下，吹响了西山绿化工程的号角。

回想当年，我特别佩服乌达区政府的号召力。整个春天，西山成了战场，乌达区各界来参加义务劳动的人士数以万计，连中学生和老师都参加了这场会战。那场面，红旗猎猎，人声鼎沸，车辆穿梭，煞是壮观。每人规定挖多少个树坑，是必须完成的任务。因为是砂石山，树坑难挖，遇上鹅卵石，更是难上加难。坑挖好种树前还要换土，为的是保障成活率。我曾见到教育局的一位老师，个子高大，身体又胖，脖子里挂着白毛巾，汗水湿透衬衣，用水泥袋背上好土艰难爬山，不时用白毛巾擦拭汗水，风沙打在脸上，满脸汗渍，真像是一位吃苦耐劳的老农。

原来荒山秃岭，坟冢满坡的乌达西山，而今绿树掩映、鸟语花香

经过三年的植树造林和十多年的管理，如今的乌达西山，苍松翠柏，杨榆桑槐，桃李椿杏，各种常绿乔木，点缀山坡，人工湖边垂柳依依，

湖水荡漾，成了美丽的西山公园。有了陵园管理处，再也见不到乱葬乱埋现象，终于可告慰逝者安息，光秃的西山终于成为乌达西北的绿色屏障。

西山秋景

二、惠民工程得民心

2008 年的春夏之交，我作为政协常委接到通知，和政协领导及部分委员参观乌达区当年十大民心工程。第一个参观的就是巴音赛铁西公铁立交桥，这是当年民心工程之首。

我站在铁西立交制高点，望着宏伟的立交桥工程，看那桥底平坦的柏油路上穿行的车辆，非机动车道上穿行的自行车流，看那立交桥两侧的两排碗口粗细的槐树和杨树，已经冒出新芽，思绪万千，心情久久不能平静。因为自己曾为这个工程写过提案，并且终于变成现实。

我是 1999 年进入政协的，当年的政协委员冯宽就写过提案，希望政府早日将修建铁西公铁立交桥项目提上议事日程。我于此后的 2001 年和 2003 年曾两次写了同样的提案。这期间也有不少人大代表和政协委员写了相同的议案、提案，大家都关心着这件事。终于，2006 年春，这项民心工程动工了，次年建成通车。委员们的提案变成了现实，铁路两侧的居民都感受到了这个民心工程的好处，作为多次为此而呼吁的政协委员，我的心中既自豪，又激动，更感谢党和政府执政为民，重视我们的提案，将这项民心工程做得这么好。

我是 1979 年来乌达谋生的，1987 年在铁路西的铁路边北 300 米自建住宅，和粮库的站台正对面。那时候我的小企业在新区，每天两三趟地过铁西平交口来新区。诸多的不便真是难以言表。

这条铁路支线担负着乌达矿务局四大煤矿煤炭外运任务及乌达人民的衣食住行所需商品的运进运出。乌达新区货运站内，常有列车调车作业进行，交通堵塞十分严重，且平交口又位于调车作业线最繁忙的区段内，堵车时，机动车、非机动车、自行车和行人混杂在一起，经常发生交通事故。最大的一次事故，莫过于 1980 年年初，一辆拉货的汽车和火车机车车头相撞，机车脱轨，汽车撞得面目全非。

那天，我正在店里做买卖，有顾客进来说："出大事了，铁路西搬家车与火车相撞，死了三个人。"我放下手中活跟着人流去看热闹。这日风沙肆虐，风裹挟沙粒与煤台上的黑煤面子，打得人睁不开眼睛，站不住脚。事故现场一片狼藉，情景惨不忍睹。看到这，我不由得倒吸了一口凉气。

想起 1987 年的一天，我在住的地方盖凉房，从新区借架板回铁路西，无奈火车阻路半小时不见动静。盖房的师傅急等用，于是我扛起架板准备翻铁轨步行送过去，谁知车皮阻挡视线，侧面急速驶来一辆机车车头，呼啸而来，我急忙躲闪，好险，只差一点就被火车撞上了。这件事想起来都后怕，几十年阴影难散。

1992 年，我彻底搬离铁路西，还时常忆起那惊险的一幕。

巴音赛大街是主要城区街道，是通往五虎山矿和乌达水泥厂的交通要道，连接东西城区。随着经济发展，机动车数量增加，2005 年有关部门调查，日均人、车流量达两万人次。终于，乌达区政府联系铁路部门协同出手，于 2006 年春动工修建这座公铁立交桥，次年建成通车。

该桥引桥总长 900 米，采用三孔式立交桥洞，中孔宽 12 米，设计四车道通行，边孔总宽 6 米，机动车道净高 5 米，非机动车道高 3.5 米。是标准的公铁立交桥。如今，每当我驾车路过这座立交桥时。总由不住多看两眼，欣赏这项惠民工程的伟大。

如今立交桥两侧的洋槐树如小水桶粗细，枝叶茂盛如伞盖，那钻天白杨昂扬向上，清秀可人。社会在发展，现在的车流量是当年的几倍。小轿车五颜六色穿行桥下井然有序，电动车轻便骑行，偶有行人和自行车通过那成了稀罕事儿 。

漂亮的乌达铁西公铁立交桥。桥上停着若干节火车车皮，若是在以前，铁路两边被堵的车辆又能排出一二里地了

（本文图片摄影：杨明德）

过河记

◎杨明德

每当我驾车行驶在乌海湖大桥、110国道乌海特大桥和京藏高速海南区黄河大桥上，作为一个老乌达人，对我曾经经历过乌达到海勃湾的黄河渡口的变迁变化，由渡船、浮桥、大桥的通行“三部曲”，那种自豪感油然而生，并感慨万千。

1980年的春天，我当时二十几岁，是爱好文学的热血青年，试着写过几篇短篇小说。矿一中的张庆老师和我要好，对我说：“我认识《乌海潮》的主编乔澍声老师，我俩找他去。”一天上午，我俩在新区坐上红皮公交车，经过乌达蔬菜农场，来到黄河边上，公交车离河边四五十米远便停在宽阔的河滩上，全体下车，望着对岸驶来的拖轮和驳船，人们蜂拥冲向河边，河边已有人和车在等候。

河边上，乍暖还寒，风裹挟着滩涂上的沙粒，打在人脸上，感觉生痛，我不时揉搓着脸和耳朵。远看拖轮“突突”地冒着黑烟，拖着宽大的驳船驶来，由于水流湍急，拖轮一次又一次地试靠近对应的泊位都未成功，让人看了心里着急。好容易终于成功靠岸，人们不等驳船停稳，也不等对岸来的人车下船，便争先踏上驳船。等对岸来的人车下驳船后，这边的汽车三轮车才夹杂着冲上驳船，就这样驶离河岸。张庆老师望着河中心打旋的急浪说：“原来并没有这轮渡，只是在1976年乌海建市以后才开通的，去海勃湾才方便多了，原先人们过河，冬天要踏冰，夏天靠一天三趟的火车，过河办点事真不方便。”经过近半小时的折腾，到达河对岸，又是几经周折，驳船才成功对准泊位。

各种车辆依次驶下渡轮，而已经抢先下船的人们朝着等候在前面的

轮渡靠岸，人们还要再换乘对岸的公交车，或去海勃湾，或去乌达

公交车奔跑起来，以便抢个好座位。上了公交车，我留心东岸不大的停车场，有一溜几间砖瓦房，门口挂着渡口管委会的牌子和一大片用树枝围成的菜地，菜地里有青菜和玉米，充满着绿色。有不少沙枣树分布在滩涂的沟坎边上和土坡边上。河东岸是河水长久冲刷的台地，有几丈高，光秃秃的，什么也不长，几根黑色电杆被电话线拽着延伸向远方。到了海勃湾，遗憾的是没见着乔老师，

轮渡换成了缆渡，相比之下方便多了

将我的作品交给熟人让转交给乔老师，我俩便返回乌达。

这年深秋，有一天，张庆老师急匆匆来到我家告诉我："乔老师来信了，说了对你小说的修改意见，准备在《乌海潮》上发表，哪天我俩再去一趟。"第二天我俩相约再去海勃湾。

第二天一大早，我俩坐公交车赶到河边，我看到这次的渡轮轻易地便对准泊位停靠，原来驳船的头顶多了一条钢丝绳的扯拽，这钢丝绳从对岸的台地的制高点上延伸到河西岸并拉拽上地锚。这办法还真有效，驳船一次性便能与泊位对接，方便多了。

由于当时的通讯不发达，电话都不好打，虽一河之隔，人们来回联系还多靠写信的方式，遗憾的是这次又没见到乔老师，说是出差了。后

1988 年乌海黄河大桥通车的那一天，乌达的市民们纷纷涌上大桥，去感受那幸福的一刻

来听说《乌海潮》停刊了，来信说等待复刊后再发表。我后来便放弃了我的文学梦，踏上个体户的艰难历程，来回奔走于乌达与石嘴山之间。

难忘1984年的初冬，我和爱人从石嘴山坐货运火车的尾车回乌达，列车经过三道坎车站并未停车，直到黄白茨火车站才停车，我俩赶紧下车，好在车站不远便是黄河渡口。来到渡口已是夕阳西下时分，满天的火烧云布满天际，落日的余晖洒在河面上，洒在甘德尔山上，河面上有零星的冰块漂过，相互追赶着流向北方。偶有一两个想渡河的散客徘徊在岸边，期盼着有一丝渡河的机会。听渡口管委会的人说开始流凌了，渡轮已停摆。正当我俩踟蹰着不知所措时，一辆吉普车戛然停在渡口，下来的正是岳父的好友胡伯伯，见是我俩就招呼我俩上车，这时我俩好像遇上了救星，心存感激。这胡伯伯当时是乌达车辆监理站站长，吉普车把我们送到黄河铁桥桥头，胡伯伯与守桥战士交涉，于是三人徒步从铁桥上过来，这时月亮已出现在甘德尔山山顶，洒下漫天月色。

时间到了1985年秋天，听说原来渡口的渡轮停运，由内蒙古航

现在，这座桥已经成为了一道供人们怀念过去的风景

运管理处架设的乌海黄河战备浮箱桥建成通车，桥位距上游黄河铁桥约150米处，与乌达巴音赛东街相连。这座浮箱桥的架设，对海勃湾、乌达两区之间的交通往来和乌海市的经济建设起到了重要作用，对广大市民也是极大的福祉，由此坐公交车能直达海勃湾了，人们也没有了下车转换轮渡的烦恼。但是到了冬季流凌与冰封期又是一大难题，乌海人太渴望有一座不分冬夏、不分昼夜的公路大桥了。

时间到了1986年5月，乌海人翘首以待的乌海黄河公路大桥正式开工建设，工期两年零三个月，于1988年8月建成通车。大桥横跨东西，天堑变通途，把乌达与海勃湾连接得更加紧密，结束了两岸人民望河兴叹的历史，从此乌达的渡口、渡船、浮桥也完成了各自的历史使命。

随着时间的推移，随着乌海湖大坝的成功拦截蓄水，乌海形成118平方公里的水面，有18个杭州西湖和6个宁夏沙湖面积大小，在十几公里的河面上凌空飞架起3座现代化设计的大桥，即乌海湖大桥、黄河公路特大桥和一座铁路大桥。通行了28年的原黄河大桥又完成了它的历史使命，耸立在乌海湖的湖心，如今的乌海湖半湖碧水半湖沙，湿地如茵，是鸥鹭的家园。桥上车流如织，桥下游船穿梭，一派太平盛世的祥和景象。

由于新桥的落成通车，旧桥光荣退役，给乌海人留下美好的记忆和深厚的感情。感恩大桥，感恩浮桥，感恩旧日轮渡。它们功不可没，留下永恒，留下的是传说和历史。

（本文图片提供：杨明德）

见证那段历程

从数字看乌达区医疗卫生事业的发展

◎杨星灿

数字，看起来似乎是枯燥的，然而，喜欢数字的人，探究其来历与变化，又充满了无穷的乐趣。那一串闪光的数字，是对历史真实的记录，是社会发展进步最有力的注脚，是广大劳动者心血与汗水的结晶。

从本文记录的数字中，可以看出乌达区医疗卫生事业的发展与变化。截至 2015 年年底，遍布乌达城乡的各类医疗卫生机构有 57 个，其中有综合医院 5 所，镇卫生院 1 所，社区卫生服务中心 7 所，专业公共卫生机构 3 所，专科疾病防治院 2 所，个体诊所 39 家。有床位 486 张，医疗卫生技术人员 614 名。

乌达中心医院（原乌达矿务局医院）

一、医疗卫生体制改革

体制改革的一项重要内容就是医疗资源整合。从2004年开始，随着企业改制，乌达地区把企业办社会的职能移交地方，原工矿企业所承办的医疗机构陆续划归了地方管理。既优化了城市医疗卫生资源配置，也推进和完善医疗卫生服务体系建设。原乌达矿业公司总医院和乌达区人民医院合并，成立了乌达区中心医院；原五虎山煤矿医院和五虎山街道卫生院合并为五虎山社区卫生服务中心；原苏海图煤矿医院与苏海图街道卫生院合并为苏海图社区卫生服务中心；原梁家沟街道卫生院和原教子沟街道卫生院合并为梁家沟社区卫生服务中心；新成立了新达社区卫生服务中心和巴音赛社区卫生服务中心；将铁路职工卫生所和三道坎街道卫生院合并为三道坎社区卫生服务中心；将桥西街道卫生院改为滨海社区卫生服务中心；把原乌达矿业公司职业病防治院精神科划归精神卫生中心；成立乌达区职业病防治院。2008年，乌达区精神卫生中心和乌达区职业病防治院被划为乌海市市直属医院，更名为乌海市精神卫生中心、乌海市职业病防治院。

从2004年开始，乌达区在推进城乡一体化改革中，建立以大病统筹为主的新型农区合作医疗制度和农村医疗救助体系，全面推进卫生监督和疾病预防控制体制改革。2010年，开展基层医疗卫生机构综合改革，全区6所公立基层医疗卫生机构推行基本药物零差率销售。改革人事制度，实行全员聘用。根据基层医疗卫生机构承担的服务任务的数量、质量设置岗位，按照定编定岗不定人的管理模式，全部人员竞聘上岗，择优聘用，实行合同管理。2014年和2015年，落实公立医院改革、全面医保政策，规范药品流通制度，完善药品采购机制，推行“医疗、医药、医保”三医联动，逐步解决“以药养医”问题。

乌达区试行与大医院对接联手的医联体运行机制。在“手牵手爱心协会”的引荐下，与北京大学人民医院对接，先后为乌达区12600名先心病患儿做了筛查。与北京海鹰脊柱健康公益基金会和北大人民医院合作，为112名腰椎疾病、脊柱疾病、颈椎疾病患者进行了免费检查。北京海鹰脊柱健康公益基金会在乌达区中心医院设立了脊柱病救助中心，把贫困患者纳入救助范围。乌达区中心医院还与大连医学院第二附属医院开展脑部微创协作手术；与乌海市人民医院胸痛中心建立“扁鹊飞救”系统；和宁夏医科大学附属医院建立医疗联盟医院，每周六、周日有宁夏医科大学附属医院专家坐诊，参与各种疑难手术和疑难病症会诊。2015 年，乌达区先后在巴音赛、新达两个社区卫生服务中心建设中医名医馆，聘请 4 名北京中医专家定期坐诊，让乌达区居民在家门口就能享受到北京专家的治疗。2016 年，乌达区与乌海市蒙中医院对接，委托蒙中医院管理运营巴音赛社区卫生服务中心，蒙中医院将内蒙古非物质文化遗产蒙医沙疗引进乌达区，为“小病在社区，大病到医院”的分级诊疗提供了保障。

二、提高医疗技术水平

衡量一所医院医疗技术水平的高低，应该包括人和物两个方面，即“兵要精，武器要好”。“兵要精”是指医护人员要有高超的医疗技术和精

原来的乌达市（区）医院，现在是乌海市蒙中医院

湛的业务能力；“武器要好”是指要有精良的、先进的医疗设备。

为适应医疗卫生事业发展的需要，2000年后，乌达区医疗设备更新加快，乌达区中心医院等几家综合医院先后购置了核磁、CT、胃肠镜、心电监护等万元以上设备294台，价值2600多万元。

为了提高医护人员的医疗技术水平，乌达区中心医院先后派出66名医护人员，到省级以上医院学习深造，92名医护人员到市级医院参加短期培训，组织院内培训260多次，在国家级医学刊物上发表论文60多篇。院内还经常组织继续教育讲课，举办专家讲座，为医护人员吸收新知识、新理论，掌握新技术、新方法创造良好条件。乌达区中心医院开展了皮神经营养血管岛状皮瓣移植术、白内障超声乳化术、胃癌根治术、颅内血肿一次性穿刺针粉碎引流术、腰椎前路内固定术、颈椎前路切开复位内固定术和断臂再植、断指再植等疑难病症和技术难度大的医疗技术项目。该院普外科包含普通外科、泌尿外科、胸外科、肿瘤外科等多项业务范围，开展了微创外科手术，完成了腹腔镜下胆囊切除、肝囊肿切除、精索静脉高位结扎等多项微创手术。以骨科为主的特色科室开展了四肢骨与关节损伤、脊柱、骨盆的损伤治疗。烧伤科进行了多例带血管游离皮瓣移植、大面积Ⅲ度创面切削痂自体皮移植、大面积肉芽创面自体皮移植手术。神经内科是该院建院以来第一个神经专科，医护人员技术精湛，对患者的疾病能及时做出正确的诊断及合理的治疗。

乌达区中心医院开展了新技术新项目，参加乌海市科技技术进步奖评比。该院检验科的“新型血管鉴定卡的试制与应用”技术获乌海市科技成果二等奖、内蒙古医学会科技进步三等奖。外科及妇产科的“腹腔镜胃、十二指肠溃疡穿孔修补术的临床应用及研究”“腹腔镜手术治疗危重型异位妊娠的临床应用及研究”两项技术获乌海市科技成果三等奖。

乌达区中心医院以中医科为重点学科，打造康复理疗病区，有两名中医被评为“内蒙古自治区名中医”。

三、加强卫生防疫工作

乌达区卫生防疫部门把传染病防控、防治作为防疫工作的重中之重，认真抓好。首先建立了传染病监测、疫情报告等方面的长效机制，制定了各类传染病疫情应急处置预案，建立并完善了传染病疫情三级网络直报系统，各种传染病进入信息化、规范化管理。2003 年，“非典”疫情暴发，乌达区卫生局成立疫情防控领导小组，下设宣传组、流调组、消杀组、检验组、疫情分析组、后勤保障组，实行 24 小时值班制，全面展开“非典”疫情防控工作。“外防输入，内防扩散”，周密部署，严防死守，终于打赢了“非典”疫情防控战，实现无非典病例出现。2005 年，乌海周边地区发生禽流感疫情，乌达区卫生防疫站成立禽流感防控领导小组，启动突发性公共卫生事件应急预案，及时储备预防性药物、消毒药品、消杀器具、防护用品等应急物资，组织开展禽流感防控实地演练，对全区医疗、防疫人员进行了 3 期禽流感防控应急能力培训，加强对禽类食品加、销售的卫生监督管理。通过一系列应急措施，及时阻断了禽流感在乌达地区的发生。2012 年，乌海市第十中学发生流行性腮腺炎疫情。乌达区疾病控制中心（2006 年，乌达区卫生防疫站撤销，成立乌达区疾病预防控制中心）采取积极有效防控措施，严格执行疫情零报告制度，做到早发现、早报告、早隔离、早诊断、早治疗。对未发病学生进行应急疫苗接种，累计接种 1508 人，避免了疫情扩散。2013 年后乌达区未发生重大疫情。

乌达区还加大了对艾滋病、地方病、布鲁氏菌病、职业病等疾病的监测、防治力度。如在艾滋病防治方面，2000—2015 年，累计完成高危人群干预 3157 人次，自愿咨询监测 2775 人次，累计发现艾滋病患者 15 例，其中艾滋人 4 例，感染者 11 例，在 15 例中，死亡 3 例，存活 12 例。地方病主要是指碘缺乏病。2000 年以后，每年都要对各乡镇和街道办事处的社区居民进行食用盐检测，每年平均采样 300 份，碘盐覆盖率达 98%，碘盐合格率为 90% 以上，达到了国家标准和消除碘缺乏病的目标。

民以食为天。加强对食品卫生的监督和管理，是防止“病从口入”的关键。乌达区卫生防疫、疾控中心、卫生监督、食品药品监督管理等部门认真贯彻执行国家《食品卫生法》，严格履行肩负的职责，有效保证了全区食品卫生安全。下面一系列数字，就是他们心血与汗水的结晶：2000—2005年，共发放食品生产经营许可证905户，其中餐饮业308户，批发零售业588户，食品加工业9户；食品从业人员体检2383人次，发放健康合格证2356份，查出“五病”27人，全部调离食品工作岗位。对学校周边的流动食品摊贩、小食品专卖商店，进行专项整治，共没收不合格食品205公斤。对限期整改后仍不符合卫生要求的4户餐饮单位，予以取缔。2007年，重点开展大中型餐饮、学校食堂、建筑工地食堂等专项整治行动，共监督检查餐饮单位85家，停业整改5家。重大节日开展食品安全监督检查4次，检查单位256家，主案查处2家。2008年，在“迎奥运会百日行动”中，共核发食品卫生许可证1093户，出动卫生监督员289人次，车辆59台次，检查餐饮单位418户，学校和幼儿园食堂6户。下达卫生监督意见书198份。取缔食品从业单位6户，责令整改63户，处罚19户，罚款11700元，销毁不合格食品350公斤。2009年，创建5个食品安全示范店，食品量化分级管理全部达到B级以上，收到以点带面的良好效果。2010年，针对春节、五一、中秋、国庆等重大节日和内蒙古自治区“十二运”在乌海举办，全年共受理、审办餐饮服务许可证381件、食品卫生许可证56件、公共场所卫生许可证165件，办理从业人员培训合格证2762本，受理群众咨询2000多人次。

四、做好妇幼保健工作

关心妇女儿童的健康，就是关心祖国的未来。乌达区妇幼保健院深知自己责任的重大。

在妇幼保健方面，重点做好3项工作。（一）婚前检查。除2004—2009年，由乌海市妇幼保健院统一进行检查外，2000—2003年、

2010—2015 年，乌达区妇幼保健院共为 15974 人（其中男 7987 人、女 7987 人）进行了婚前检查，检查出带病者 1149 人（其中男 662 人、女 487 人）。（二）孕产期保健。2000 年后，乌达区妇幼保健院进一步规范孕产妇系统管理，严格执行孕产妇高危管理制度，对筛查出的高危孕妇，及时跟踪、随访、转诊。积极推行住院分娩，保障母婴安全，降低孕产妇死亡率。利用“母婴喂养周宣传日”“爱心传递防治出生缺陷”等时间节点，举办形式多样的健康主题活动。至 2015 年统计，共发放各种宣传材料 20 余万册，45 万群众参加活动。2000—2015 年，乌达区共有产妇 13200 名，其中参加系统管理的有 12139 人，占产妇总人数的 91.96%，产后访视 12693 人，占产妇总人数的 96.16%。除 2004 年有 2 名产妇死亡外，其他年份产妇死亡率皆为零。另外还增加了叶酸预防神经管畸形及农村孕产妇住院分娩补助等重大公共卫生项目。期间，共为 3448 名待孕妇女发放叶酸，为农区孕产妇住院分娩补助 510 人，补助费 20.38 万元。（三）妇女病防治。乌达区妇幼保健院与乌达区妇联、卫生、计划生育等部门深入各街道社区和乌兰淖尔镇，开展以妇女生殖健康为重点的妇女病普查普治，对已婚妇女每年进行一次，使患有子宫脱垂、闭经、痛经、子宫肌瘤、子宫囊肿、不孕、浮肿等病症的妇女及时得到治疗，保证了妇女身体健康。据统计，2000—2015 年，乌达区应查妇女 193115 人次，实查 121196 人次，占应查人数的 62.76%；查出患常见病的妇女共有 45800 人次，占应查人数的 23.72%。

在婴幼儿保健方面，乌达区妇幼保健院主要做好儿童疾病防治和儿童保健两个方面的工作。首先对 3 岁以下儿童进行系统管理，2000—2015 年，纳入系统管理的儿童每年平均有 2599 名，系统管理率为 91.81%；同期，对 7 岁以下儿童进行健康管理，纳入健康管理的儿童每年平均有 6103 名，健康管理率为 90.37%。为了防治儿童疾病，乌达区妇幼保健院和乌达区卫生防疫部门联手，加强园（所）幼儿的传染病预防控制工作，做好入园（所）儿童的预防接种和计划免疫。计划免疫的主要内容是“五苗七病”，“五苗”是卡介苗、脊灰疫苗、百白破三联疫苗、麻疹疫苗、乙肝疫苗；“七病”是结核病、脊髓灰质炎、百日咳、白喉、破伤风、麻疹、乙型肝炎。适龄儿童“五苗”接种率达到98%以上。2007年，在原有“五苗”的基础上增加到12疫苗，预防12种传染病，新增了甲型肝炎疫苗、乙脑疫苗、流脑多糖疫苗、风疹疫苗、腮腺炎疫苗。12种疫苗接种率均达到95%以上。同时，加强对托幼机构防控工作的指导、检测和管理。对全区20个托幼机构的园（所）长、幼师、保健员进行培训。每年对学龄前儿童进行健康检查。对所有儿童每年进行一次血红蛋白或血常规检测。

随着医疗卫生条件的不断改善，群众“看病难，看病贵”的问题得到初步解决，健康水平有了明显提高。据2000年和2015年乌达区户籍人口统计数据显示，2000年乌达区人口死亡率为10.74‰，2015年人口死亡率为3.68‰。比2000年下降了7.06个千分点。又据2000年和2010年两次全国人口普查统计数据显示，2000年乌达区60岁以上老年人口占乌达全区总人口的8.87%，属壮年型人口范围；2010年乌达区60岁以上老年人口占乌达全区总人口的13.00%，已经进入老年型社会，乌海100岁以上的高龄老人全部在乌达区。2010年，乌达区评出乌海市“健康老人”30名。2015年，乌达区评选并表彰了50名“健康文明老人”。

（本文材料提供者：刘冬娜、贺广、潘巧红、李智、杨凤玲等。
本文图片摄影：郝逸云）

发展城市公共事业，提升市民幸福指数

◎杨星灿

春天到了，乌达巴音赛的公园里游人日渐多了起来。凌晨7点多钟，一轮红日喷薄而出，给大地披上一抹霞光，公园里的花草树木也显得格外青翠碧绿。或成双成对，或三五成群的游人，在幽幽曲径中漫步，徜徉在绿树鲜花丛中。在公园的小广场上，有的在挥拳舞剑，有的在各种器械上锻炼，有的随着音乐跳广场舞，幸福溢满了每个人的笑脸。

进入21世纪后，乌达区逐年加大投入，大力发展与人民群众生活息息相关的公用事业，居民的幸福指数明显提升。

供 水

无论是工农业生产，还是居民生活，水都是须臾不可或缺的。为了保障供水，提升水质，从2002年开始，乌达区启动了给水改建一期工程，总投资2766万元，在原黄河大桥南侧打了8眼采水井和7眼观察井。从水源地沿110国道铺设DN500玻璃钢输水主干线5.5公里。为了满足乌达经济开发区中长期用水需要，2005年10月，乌达区启动了经济开发区给水改建工程，总投资5108万元，新建总规模日供水8万吨配水厂一座及配套管网。为了保证水质，让居民喝上优质水，2016年，乌达区启动了水质净化厂工程，总投资约4499万元，建棚户区和城区水质净化厂两座，其中城区净化厂规模为日供水2万吨，棚户区净水厂规模为日供水1.5万吨。到2016年年底，据统计，乌达区自来水有限公司拥有水源井50眼（其中城区32眼，经济开发区18眼）。供水主

右上角图片是1971年拍摄于乌达新区公园一角。沙土路两边种了些松树、榆树，这就是公园了。两位小伙子在这样的公园里留影，脸上依然洋溢着欢乐的微笑。再看现在的乌达巴音赛公园。亭台水榭，曲径通幽，环境优美。市民们在此休闲锻炼，其乐融融。和以前相比，真是恍如隔世

要调节设施有：城区日供水2万吨配水厂一座，棚户区日供水1.5万吨配水厂一座。经济开发区日供水8万吨配水厂一座，乌兰淖尔镇日供水2万吨配水厂一座。拥有DN100毫米以上输配水管网143.8公里，初步形成环状供水管网系统。设计总供水能力为日供水13万吨，供水面积30平方公里，供水用户4.3万户，供水人口9万人，供水普及率达到100%。生活饮用水质量符合国家标准。

乌达区认真贯彻乌海市关于水资源管理和节约用水的有关规定，积

极推进县城节水型社会达标工作，加强水资源管理，采取多种节水措施，实现地下水资源节约利用最大化。城市供水设施漏损率小于 3.5%，水质综合合格率达到 100%。

排　水

2020 年 6 月 28 日，狂风暴雨加冰雹，在乌海下了足足有半个多小时，大街小巷洪水横流，低洼处水深盈尺，人和车辆难以通行，史所罕见。街道上所积泥沙，数日才清理干净。那场狂风暴雨，是对乌海市城市排水功能的检验，也说明城市排水有多么重要。

2010 年，乌达区市政管理所成立时，乌达城区排污管道有 1028 米，排污井 572 座；棚户区排污管道有 12020 米，排污井 266 座。2008—2012 年，共完成乌达区先锋西街、爱民街、安居街、拥军街、温馨路、团结路、文昌路、富强路、神华大街、建设路 10 条街路排污管网的铺设，共铺设排污管道 13470 米。2014 年，维修巴音赛东街原公安分局排水管新旧管道对接，新建检查井 2 座。

2004 年，乌达污水处理厂开工建设，占地面积 4.2 公顷，设计规模为一期日处理污水 2 万吨，二期扩大至 3 万吨。2008 年投入运营后，出水水质达到国家一级（B）排放标准。污水处理厂采用荷兰卡鲁塞尔 2000 氧化沟工艺，工艺流程包括污水处理和污泥处理两部分，日产污泥 8 吨。经过处理后的污水被内蒙古华电乌达热电有限公司回收利用。

供　热

从 10 月 15 日到来年 4 月 15 日，是乌海地区冬季取暖期。乌达区与海勃湾区一样，经历了冬季取暖三部曲：20 世纪六七十年代，各家各户自己用土炉子烧煤，靠火墙取暖；到了 20 世纪 80 年代，有了很大改进，各家各户自己用家庭小锅炉烧煤，靠土暖器取暖，住宅楼建的早的单位，如乌达矿务局住宅楼家属区，由单位统一集中供暖；进入 21 世纪，全市相继进行旧城区、棚户区和采煤沉陷区拆迁改造，一座座高楼拔地而起，一个个住宅小区应运而生，乌达进入了统一集中供热的新时代。

2000年，乌达区集中供热一期工程建成投产，以乌达电厂为热源，全区集中供热，实现热电联供，取消燃煤锅炉。供热面积26万平方米。2004年，接收乌达矿务局部分供热设施，有换热站7座，人员43人，供热面积67.4万平方米。2005年，建设集中供热二期及二期续建工程，以华电乌达热电有限公司供热首站为热源，新建热力站9座，改（扩）建热力站3座，铺设一次供热管网12.5公里，城区供热容量增加到280万平方米，供热面积71.3万平方米。2008年，为解决乌达矿区回迁居民供暖问题，于棚户区北侧新建热源厂一座，新建4×29兆瓦链条热水锅炉及其辅机和配套共用设施，供热容量203万平方米，全区供热面积达到165万平方米。2015年，为解决棚户区热源紧张问题，以东源自备电厂为热源，开始建设供热首站及其配套管网工程。东源科技一期配备4×50兆瓦抽凝机组，供热能力260万平方米。新建一级热水管网5.6公里，全区供热面积达到412万平方米。

截至2017年，主要热源包括华电乌达热电有限公司2×150兆瓦供热首站、东源科技自备电厂4×50兆瓦供热首站和棚户区4台29兆瓦热水锅炉房，拥有二级换热站45座、一级供热管网45公里、二级供热管网150公里，总供热能力743万平方米，供热面积达到460万平方米，比2000年扩大了16.7倍，供热普及率达到85%以上，主要承担乌达城区、棚户区共73个居民小区、4.5万户居民和企事业单位的冬季供热任务。

供　气

拧开燃气灶上的旋钮，火苗轻轻“噗”的一声，由蓝色渐渐变成赤红。炒一个菜，只需五六分钟，烧开一壶水也就十来分钟。做饭时，可根据需要来调节火的强弱、大小。当乌达区爱民佳苑小区的居民们从低矮的平房搬进漂亮的高楼，并且率先从烟熏火燎的环境中解放出来，使用上快捷、方便、清洁的天然气时，大家纷纷奔走相告，热烈庆贺，个个脸上乐开了花，幸福感油然而生。

乌达区是2008年由凯洁天然气公司开始天然气管道施工的，在此之前，乌达区的居民们世世代代与煤相伴，以煤为生，靠烧煤取暖和做饭。后来，少数居民以电和瓶装液化气作为生活燃料，人们对于管道天然气还比较陌生，闻所未闻。2008年11月凯洁天然气公司首先为爱民佳苑小区铺设天然气管道，通了天然气。从此，天然气管道安装工程在乌达区全面展开，逐步推进。2009年，天然气管道共接通2个居民小区，管道总长度38.95公里，入户2678户，挂表普及率为6.76%。到2015年，天然气管道共接通了35个居民小区，管道总长度126.78公里，入户达30965户，挂表普及率为78.18%。

广场建设

乌达区人民广场位于乌达区行政综合楼正南方，团结路西，公园路东，胜利路南，先锋街北，占地面积7.4万平方米。广场始建于1997年，2004年进行改造。改造后的人民广场分为景区和休闲区两部分。主景区以下沉式音乐喷泉为平面构成中心，喷泉停用时可用作舞台，四周有24级台阶观众席。喷泉北侧有4个水池，总面积为900平方米，并配备特色各异的景观小品。休闲区由林荫小广场、文化广场等部分组成。广场绿化面积6万余平方米，种植有樟子松、侧柏、龙爪槐等树种。2011年，乌达区投入1336万元，完成人民广场的亮化及其他设施的改造工作。乌达区行政综合楼前的小广场与人民广场隔路相望，功能互为补充。乌达区人民广场是集休闲、娱乐、集会、健身、景观等功能于一体的综合性广场。

园林绿地

乌达区园林绿化管理所负责乌达城区公共绿地、生产绿地、防护绿地、引道树、干道绿化带及园林设施的规划、建设、养护、管理工作。由于全所员工的共同努力，2000年后，乌达区园林绿化工作取得骄人的成绩。

“十五”时期（2001—2005年），乌达区围绕“绿”字做文章，加快城市园林绿化建设步伐，实施城郊播绿、街道造绿、见缝插绿、拆墙透绿工程，逐步形成以边缘环境绿化为基础，城区大面公共绿地为主体，街道庭院绿化和花草、灌木、乔木相结合的绿化体系。

“十一五”时期（2006—2010年），乌达区以公园、广场等景观为依托，加快林水相宜、林水相连的城市景观建设，提升城市形象和品位。2008年，进行道路绿化、人民公园改造、乌尔特沟林带建设等绿化工程19项。2009年，完成巴音赛河、北环路、胜利东街、团结北路、爱民街、工业园区、乌巴公路等绿化任务，绿化面积347832平方米，地被植物共计种植8267株、61577平方米，新增绿地面积111609平方米。2010年，完成市民广场景观绿化改造工程、爱民街绿化工程、神华大道绿化工程、110国道景观绿化工程、人民公园景观绿化改造工程、巴音赛河景观绿化工程等6项工程，投资约2亿元，全年共种植乔灌木857201株，绿化面积105.7万平方米，新增绿地面积71.6万平方米。

“十二五”时期（2011—2015年），乌达区以乌海市创建国家园林城市为契机，努力构建以主城为中心，辐射副城、新区，分布均匀、特色显著的城市园林绿化体系。2011—2012年，全面完成城区和园区的32项绿化计划指标及绿化续建工程，投资4.65亿元，两年共种植乔灌木442.3万株，地被280万株，新增绿化面积92.9万平方米。2013—2014年，共完成城区、园区和棚户区绿化工程25项，投资1.3亿元，两年共种植乔灌木16.8万株，地被286.8万株，新增绿化面积47万平方米。截至2014年年底，乌达城区绿化面积达到130万平方米，棚户区绿化面积64.9万平方米，工业园区绿化面积205.9万平方米。2015年，结合乌海市创建全国文明城市工作整体安排部署，完成了110国道绿化改造，神华大道绿化提质及滨湖路绿化等绿化工程13项，投资1300万元，共种植乔灌木4.9万株，地被81万株，新增绿化面积42万平方米。截至2015年年底，乌达区园林绿化管理所累计管护总面积508.5万平方米，建成区绿地率达到31.4%，绿地覆盖率33.6%，城市人均绿地面积11.02平方米。建城区绿地率和城市人均公共绿地面积这两项指标已达到国家级园林城市标准。

“十三五”前三年(2016—2018年),乌达区紧紧围绕乌海市“双城”联创（创建全国文明城市、创建全国卫生城市）这个中心，加快园林绿化工程建设步伐。2016年，乌海市被命名为国家园林城市。从2016—2018年，乌达区实施了32项园林绿化工程，完成投资2.07亿元，种植乔灌木107万株，地被绿篱731万株，新增绿化面积348万平方米。截至2018年，累计管护绿化总面积678万平方米，苗木保存率达98%以上，建成区绿地率达35%，绿化覆盖率37.5%，人均公共绿地面积12.5平方米。

（本文资料提供者：杨润生、王妍、潘文静、刘勇峰、黄晓娟。
本文图片摄影：郝逸云）

守一方净土 保万民平安

◎杨星灿 王 倩

乌海市公安局乌达公安分局全体干警，认真履行“守一方净土，保万民平安”的神圣职责，在打击刑事犯罪、禁毒、加强特殊行业和危险物品管理等方面，取得了骄人成绩，受到广大群众的热情赞扬。

2001 年 1 月 19 日 19：00，梁家沟派出所接到乌海市公安局 110 指挥部指令称，梁家沟第六居民区有人斗殴。接到报案后，梁家沟派出所民警迅速赶赴现场，发现孙某某倒在周某某家院内，因失血过多已死亡。经现场勘验和走访得知，当天下午，孙某某、周某某、张某某等 5 人聚集在周家喝酒，酒醉后，孙某某与张某某发生争执，张某某用随身携带的一把匕首刺入孙某某胸部，致孙死亡，张某某作案后潜逃。为防止案犯出逃和藏匿，在乌达交警大队的配合下，乌达公安分局抽调警力在乌达主要路口设卡堵截犯罪分子。同时，对案犯可能藏匿的地方进行蹲守。1 月 22 日 22：00，乌达公安分局得到线索称，犯罪嫌疑人可能藏匿于黄白茨煤矿附近。经过围堵查找，刑警大队大队长纪宝贤在黄白茨煤矿职工宿舍发现手持菜刀的犯案嫌疑人张某某，并只身一人将其擒获。后经审讯，张某某对杀人经过供认不讳。“1·19”杀人案胜利告破。

2003 年 9 月 28 日下午 6 时许，乌达公安分局刑警大队接群众报案称，在 110 国道边一座废弃楼房内发现一具男尸。刑警大队侦技人员火速赶往现场，经现场勘查，尸体已被焚烧，确定系一起凶杀案。查找尸源成了破案的关键。9 月 29 日中午，传来消息，找到了尸源，被焚烧男子是武某。经调查，发现侯某与武某的妻子有不正当男女关系。而在此时侯某神秘失踪。侯某被确定为犯罪嫌疑人。通过技侦手段，锁定侯某的落脚点，专案组赶赴银川进行抓捕。10 月 3 日凌晨 6 时许，正在一旅馆熟睡的侯某被抓获。经审讯得知，从 2003 年 5 月开始，犯罪嫌疑人侯某与死者武某的妻子乔某通奸，并准备结婚。为搬掉武某这块绊脚石，9 月 23 日下午 6 时，侯某以干活为由，把武某骗至 110 国道边一废弃楼房内，将其砍死并焚尸。经过 7 个昼夜的连续奋战，“9 · 23”特大杀人焚尸案成功告破。

刑事案件直接威胁到人民群众的生命安全，对社会造成极大的危害。乌达公安分局始终把刑事案件的侦查破案工作作为首要任务来抓，在强化侦查措施、提高攻坚能力上狠下功夫，努力提高破案率。特别是对爆炸、杀人、强奸、抢劫等危害严重的大要案件，乌达公安分局分管领导亲自上案，具体指挥，集中优势兵力，全力侦破，有力地维护了乌达地区社会治安秩序的持续稳定，保护了人民群众生命财产的安全。仅以 2002 年为例，这年共立刑事案件 384 起，破案 334 起，抓获犯罪嫌疑人 160 人（包括在逃犯 12 人），其中移送起诉 89 人，劳动放养 39 人，治安处罚 1 人，其他处理 32 人，打掉犯罪团伙 16 个 56 人，为群众挽回损失 16 万元。

吸毒屡禁不止，不仅给一些家庭和吸毒者本人造成严重伤害，而且扰乱了社会治安秩序。为了医治这一社会顽疾，乌达公安分局不断加大禁毒工作力度。首先做好禁毒宣传工作，让广大群众认识吸毒的严重危害。从 2000 年到 2015 年，他们不间断地开展国家禁毒“天目 -14”“利剑 -14”禁种铲毒专项行动。每年开展春季禁种宣传和夏季踏查，与辖区各镇、街道办事处签订禁种铲毒责任状，推动各级政府落实禁毒铲毒工作责任，公示举报电话和奖励办法。重点对乌兰淖尔镇开展禁种铲毒工作，春季把禁种宣传做到田间地头，夏季协同乌海市禁毒大队到乌兰淖尔镇的种植大棚和田间地头开展踏查活动，保证了乌达区连续 16 年“零种植”的禁毒成果。

在禁毒宣传工作中，乌达公安分局还组织各派出所利用元旦、春节、全民禁毒宣传月、“6 · 1”禁毒法宣传日、“6 · 3 虎门销烟”纪念日、“6 · 26”国际禁毒日等节点，开展形成多样的禁毒宣传活动，重点开展了毒品预防教育进校园活动，举办“拒绝毒品，健康人生，创造美好校园”专题讲座和“做禁毒小卫士，珍惜美好生活”主题中队会。通过这一系列活动和广泛宣传，营造了浓厚的禁毒舆论氛围。

在加强禁毒宣传工作的同时，乌达公安分局不断加大禁毒破案工作力度，取得了赫赫战果。仅以以下几年为例：2003 年，开展了以“打零包、抓毒犯、烫铵钠钾”为重点的“黄河行动”及打击“金三角”入境毒品、跨区城贩毒的专项斗争，共强制戒毒 161 人，劳动教养 26 人，社区戒毒 22 人，破获贩毒案件 28 起，抓获犯罪嫌疑人 30 人，缴获毒品 200 克。2010 年，共破获毒品案件 84 起，抓获犯罪分子 85 人，缴获海洛因 270 克，铵钠钾 60 公斤，苯甲酸钠咖啡因（安钠咖）30 公斤，罂粟壳 5 公斤。全年仍保持全员收戒，共强制戒毒 189 人，对吞食异物的 7 名吸毒人员进行手术并收戒，移送起诉 8 案 8 人。2013 年，乌达公安分局充分发挥禁毒大队的主力军作用，利用 DIAS 情报研判平台进行缉毒侦查破案工作，进一步提高了打击毒品犯罪的能力。在一次对嫌疑人的审讯中，禁毒民警将获取的各种线索录入全国 DIAS 情报研判系统，发现其中一人有贩卖毒品的嫌疑，并掌握了这名嫌疑人的活动轨迹，在巴彦淖尔市将其抓获，当场缴获海洛因 15 克、冰毒 5 克。这一年，共强制戒毒 208 人，破获毒品案件 78 起，缴获海洛因 680 克、冰毒 48 克、铵钠钾 10.3 公斤、罂粟壳 2 公斤、咖啡因 1.6 公斤、苯甲酸钠 1.8 公斤。捣毁吸贩毒窝点 19 处，打掉 16 个毒品犯罪团伙，斩断 18 条贩毒渠道，有力净化了社会环境。

乌达公安分局管理的特种行业有旅店业、刻章业、印刷业、废旧金属收购业、机动车修理业和二手手机市场。这些行业与人民群众日常生活息息相关，其特点是小型、分散、不易管理。他们以属地管辖为基础，以派出所为依托，以社区民警为支撑点，加大对特种行业管理的力度。2005 年，乌达公安分局治安大队共检查特种行业 151 家，其中旅店业 22 家、废旧金属收购业 32 家、报废机动车拆解业 2 家、机动车修理业 60 家、刻字业 2 家、印刷业 5 家、典当业 2 家、旧货业 5 家、拍卖业 1 家、复印打字业 18 家、小冶炼厂 2 家。通过几年艰苦细致的工作，治安大队做到了既保证行业及其服务对象的正常活动，又及时准确地发现和控制各种违法犯罪活动。2008 年，共清查特种行业 311 家，其中有旅店业 56 家、废旧物品回收业 89 家、机动车修理业 153 家、二手手机市场 2 家。清查文化市场 147 家、酒吧 29 家、网吧 24 家。对查出的问题都提出了具体意见，责令停业整改。从 2013 年开始，对全区 60 家旅馆业全部安装了信息系统及二代身份证读卡器，对 35 家特种行业安装了监控系统，到 2015 年，共上传旅客信息 342249 条，旅客信息上传率 100%；上传二手手机市场信息 179 条，处罚不按规定管理的特种行业 7 家。

西方某个大国，枪击事件频繁发生，不少无辜的百姓和学生被夺去宝贵的生命，看了触目惊心。因此，加强对危险物品的管理，直接关系到人民群众生命财产的安全和社会的稳定。乌达公安分局管理的危险物品包括枪支、弹药、爆炸物品、剧毒物品、放射性物品以及其他易燃易爆物品。为了加强对危险物品的管理，他们首先对全区涉爆单位进行大规模调查摸底，安装远红外线报警装置，加强涉爆单位的技防措施。二是对全区涉爆涉枪单位逐一进行检查，并签订责任状，下发隐患通知书；对问题较多的单位停业整顿。三是对危险物品实行网络信息化管理，对爆炸物品实行网上审批，对雷管进行编号管理。雷管库房和炸药库房的看管在加强人防、物防的基础上，全部安装防盗报警装置，有效预防危险爆炸物品的被盗、流失。四是开展清枪治爆专项行动，仅 2000 年，就开展了 3 次，对乌达地区 11 家涉爆单位签订“三无”（无违法犯罪、无违规操作、无治安灾害）责任状 11 份，发隐患通知书 4 份。与涉枪单位签订责任状 10 份，共有公务用枪 211 支。对所有涉枪单位和配枪人员全部建档管理。全年未发生涉枪涉爆案件和事故。2009 年，共查获炸药 3105 公斤，搜寻出被埋炸药 2160 公斤，收缴被遗弃炸药 2403.85 公斤、雷管 792 发、硫黄粉 20 公斤、碳酸氢氨 160 公斤、木炭粉 15 袋、小口径步枪教练弹 605 发、79 式步枪子弹 33 发、五四手枪子弹 1 发。群众及单位主动上缴炸药 46.25 公斤、雷管 162 发、导火索 70.7 米、火药 19 公斤、各种子弹 74 发。协助乌海市公安局从苏海图沟北一盗采井口内搜寻出被埋炸药 1700 公斤、雷管 17200 发。对收缴的爆炸物品进行了统一销毁。

欲要善其事，必先利其器。乌达公安分局为了更好地履行职责和责任担当，不断强化科技手段，努力提高科技强警水平。2000 年，分局及所辖派出所建成公安三级网络，实现了公安信息跨部门快速查询、查证。2005 年，实现了每人一台电脑，开始实行户口网上迁移一站式服务。2006 年，分局“警务信息综合平台”正式开通运行。平台以公安计算机网络为依托，集数据采集、业务办理、数据交换、统计分析、查询对比、法制监督、法律文书、业务考核等于一体，包含人口、刑侦、治安、社区、法制、监管等 17 个业务系统 185 个模块，实现了各类公安信息共享。2007 年，通过警务综合信息平台情报信息系统，共接收上报各类信息 1722 条，超额完成全年信息报送、采用任务。这一年，他们还开通了警用地理信息平台和信息研判平台，全面推广信息化应用。2010 年，组建了情报研判网上作战，成立了乌达区情报研判中心。2012 年，在公安内网开通了“公安情报快递”（PIE），实现了互联网情报交流协作的快速、自主、便捷功能。2014 年，共发布预警信息 7221 条，做到了预警在前，未动先知。2015 年，实现了警务信息综合平台、智能交通管理系统、网吧实名制管理系统、平安城市监控系统、“三台合一”接处警系统、信息资源共享平台、电子 DNA 采集分析系统等业务系统与情报平台的数据对接。2000—2015 年，乌达公安分局 110 接警服务共接处警 22400 起，形成了接警、派警、出警、反馈、服务一条龙的现代化高效警情处置机制。

历经艰难的沙漠铁路乌吉线

◎ 杨祥君

展开中国的版图，在包兰铁路干线上的乌海西站，又伸出一条小红线，像一棵大树的枝杈，如一条大河的支流，向西、向北延伸，一直通往乌兰布和沙漠中的吉兰泰盐湖。这就是我国著名的沙漠铁路——乌吉线。

若干年前，阿拉善游牧民在沙漠中奇迹般发现了一大片盐湖。人们传说，这是海的灵魂，是上帝恩赐给人类的聚宝盆。从公元前200年的先秦时期，人们就在这里开采食盐，距今已有2000多年的历史。然而，千百年来人们辛辛苦苦开采出的食盐，只能通过骆驼运出沙漠，然后在黄河装船转运。守着这样一个聚宝盆，广大农牧民却依然过着贫穷的生活，只是养肥了极少数的王公贵族。岁月悠悠，路途漫漫，叮咚的驼铃弹奏着古老的歌，沙漠中的运盐古道记录着那段漫长而又沧桑的历史。

中华人民共和国成立以后，为了加快社会主义建设步伐，吉盐从驼运改为了汽运，但仍然不能满足需要。要想让吉盐更广泛地服务于全国的经济建设，只有修铁路，提高运输能力。可是，在沙漠中修铁路让那些发达的国家都望而却步，对于年轻的新中国更是困难重重。

毛主席说：“人民，只有人民，才是创造历史的动力。”

历史跨入20世纪60年代，来自各地的创业大军浩浩荡荡开入这片不毛之地，惊醒了大漠的千年古梦，为中国铁路史书写了辉煌的一页。

一、线路初建（阵痛中诞生）

乌吉线地处乌海市和阿拉善盟左旗境内，从包兰铁路的乌海西站（原名三道坎站、乌达站）为起点站，然后西行越过贺兰山脉进入乌兰布和沙漠，最终到达吉兰泰站，全长 130.67 公里。

乌吉线经过的地带多为人烟稀少的沙漠，属于典型的大陆性气候区，特点是冬季干冷，夏季酷热，雨水稀少，风大沙多。沿线除了乌海西和吉兰泰以外水源缺乏。

乌吉线的建设正处于国家经济十分困难的特殊时期，因此，沙漠铁路从初始设计到建设完成也是几经周折，停建复建多次反复。原计划一年多建成的工程，最后历经 7 年才完成。

第一次勘探设计在 1959 年，内蒙古自治区轻工业厅委托铁道部第一设计院负责设计。 1960 年 2 月至 4 月，全线进行了线路、路基、桥涵及站场土方石方的设计。1961 年 2 月至 4 月进行了站场系统设计。1961 年 12 月至 1962 年 1 月又进行了鉴定后的部分修改设计。后本线停建，但修改设计尚未结束。

第二次勘测设计：1963 年 11 月铁道部确定乌吉线工程复工。本线在停工期间破坏严重，加之复工后采用的主要技术条件与以前的设计有较大变动，因此勘测工作量基本上相当于新线定测工作量。因施工紧迫，从 1964 年 10 月起采用边勘测、边设计的方法。

第一期施工：本线原要求在 1960 年 4 月开工 1961 年 6 月建成，7 月 1 日通车。为保证任务按期完成，内蒙古自治区成立了筑路办公室，巴彦淖尔盟和呼和浩特铁路局共同组成工程指挥部，负责工程全面领导。1960 年 5 月 1 日筑路工程正式开工，在自然条件和生活条件极端艰苦的情况下，经过 5 个多月的奋战，基本上完成了路基工程和部分桥涵。后因钢轨和其他材料供应不上，施工规模逐渐收缩。

1961 年该项工程列入国家建设计划，由地方投资改为铁道部投资。1961 年下达的年度投资为 2000 万元，仍由呼和浩特铁路局继续施工，但开工不久因材料供应没有保证，年度计划几经调整核减，最后压缩为 125 万元。1961 年 9 月根据缩短基本建设战线精神，全线停工下马。

1965 年 3 月 15 日乌吉线修筑工程复工。复工后任务由华北铁路工程局（后改为第四工程局）的第三工程处承担。沙漠路基防护是该线的重点工程之一，采用了多种方法，其中，卵砾片石 465799 平方米，草方格防沙障 126.25 万平方米。经过 1 年零 10 个月的奋斗，1966 年 12 月基本完成了全线的主体工程，达到了简易通车程度。合计投资 5516.9 万元，平均每公里线路造价 42.22 万元。

1967 年 1 月 1 日呼和浩特铁路局正式接管运营乌吉线。从此，沙漠铁路乌吉线担负起新中国赋予它的历史使命，钢铁巨龙穿梭于大漠之中，取代了驼队千百年来寒来暑往的艰辛。

混合列车行驶在沙漠铁路上。前面是货物车，货物车后面是一节水罐车，负责给沿线养路工区送水。最后三节是行李车和客车

二、沙害治理（苦难中前行）

乌吉线的修建是幸运的也是不幸的，从诞生的那天起就经受了苦难。

这条线路自接管运营以来，最突出的问题是风沙灾害，其沙害严重程度为全国之冠。线路所经过的一些区段都是流动沙地和高耸的沙山，铁路在其中蜿蜒穿行。很多地方沙山高 15 ～ 30 米。全线严重沙害地段 75 公里，风沙埋道十分频繁，常常一场风就把铁路埋个无影无踪。风沙埋道厚度平平常常 30 ～ 50 厘米，严重时厚达 2 米。1967 年曾因连续风沙断道 15 天；1981 年 5 月由于风沙断道将 350 名旅客困在本井车站 58 小时；1982 年 5 月风沙吞没 65 至 91 公里线段，沙埋线段长达 26 公里。其中 71 公里至 76 公里线段埋道积沙高出轨面 1.78 米，中断行车 17 天。呼铁局在本井站设立了沙害抢险指挥部，铁路系统出动 800 人，盐场出动 200 人进行抢险，连机械带人工昼夜奋战了 17 天才维持陆续通车，耗去抢险费 450000 元。

一列火车被迫停在中途，等待着养路工区的职工们清理埋在铁路上的积沙

据不完全统计，1967—1987 年发生沙害脱轨事故 25 起，1988 年脱轨 3 起。该线风沙埋道长年不断，1972—1987 年 15 年中埋道约 8000 次，停车 1737 次；仅 1988 年埋道就 282 处，停车 126 次。每当风沙埋道严重时，居住在三道坎的铁路职工子弟、家属都组队进乌吉线参加抢险会战，另外还专门成立了铁路职工子弟治沙队，长期驻扎在沿线重点区域进行日常清沙和治沙施工。

为了长期治理沙害，保障铁路运输畅通，1966 年起第一次采用机械固沙，如对路基本体平铺砾石，用黏土包坡，在路基两侧扎草方格，设

职工在沙漠铁路旁扎草方格

置枕木配合篱笆高立式防沙障，挖挡沙沟，用夹石或黏土覆盖流动沙地和流动沙丘等方法。

1967年起，开始种植防沙植物、治沙科研工作，与中科院西北科研所合作，从99～100公里之间，做了沥青乳剂固沙试验，在试验地段预先播种或栽植梭梭、柠条和沙枣等沙生植物，然后用沥青乳剂喷洒。由于试验区没有和当地牧区隔离开，沥青乳剂地表固结层和沙生植物不久就被畜群践踏破坏，试验没有成功。

从1969年开始，又在109～126公里，打井引水进行植树造林，并专门建立植树造林治沙专业队。十多年来，先后打出自流井4眼，机井2眼，植树17.5万株。这些治本的办法，对制服沙龙起到了积极作用。

1971年有计划地在乌吉线打自流井和种植沙生植物固沙，1973年扎草方格沙障固沙，1974年乌达工务段设立治沙组，在宁夏青铜峡建立收草场，收购扎草方格用草，1978年在乌达成立林场，修建黄河扬水站并开垦育苗基地。

呼和浩特铁路局（以下简称“呼铁局”）组织专门工程技术人员成立治沙规划组，对严重沙害地段勘测、研究确定治沙措施，1982年呼铁局在乌海西成立了治沙站，配备了工程技术人员和治沙人员，专门研究和实施沙害治理。根据不同地段，不同沙漠类型，采取不同的防治措施。

治沙费用呼铁局专项拨款，并先后在沿线建立了治沙工区，有计划地进行治沙造林和各种治沙工程。从此治沙工作逐步走向正规化科学化。

1982 年再次与中科院西北所合作在沿线进行乳化渣油覆盖沙面及栽植沙生植物固沙的试验，经铁道部鉴定，认为该项治沙措施系我国首创，获铁道部科技二等奖。

1986 年 5 月召开全局治沙工作会议，为保障线桥设备服务，创治沙生产与科研的第一流水平的目标。治本与治标相结合，治本为主；治沙生产与科学研究相结合，因地制宜，因害设防，综合治理的方针。在铁路沿线采用滴灌法营造防护林 4 公里，植树 188 亩 2.47 万株，这是我国首次将滴灌技术引用到铁路防护林的营造中，并取得成功，为我国干旱地区造林及三北防护林的建设提供了经验。

1988 年包头铁路分局组织治沙运草专用车，加快了运草速度，使全年草方格工程完成 225 万平方米，创历史最高纪录。

三、铁路的脊梁

乌吉线与全国铁路 14 万公里的总里程相比，仅仅是很微小的一段，却又是不平凡的一段。恶劣的自然环境，让这里的工人工作和生活经受着常人难以想象的磨难。

乌吉线的历史是与沙漠抗争的历史。人们比喻“一年一场风，从春刮到冬。”当年好多从山清水秀的江南来到这里的建设者们面对的是怎样的情景啊！一下车就遇上了骇人的大漠风，眼前天昏地暗什么也看不清楚，耳边回荡着野兽嘶吼般的风声，密集的沙砾抽打在脸上，像针扎像火燎像鞭抽，痛不可忍。

建设初期，帐篷或地坑就是家，睡觉时还得把头捂上，就这样沙土还是无孔不入，每天起床，面颊耳朵鼻孔到处都是沙土，甚至吃饭时碗底都是沙土。因此，人们流传着自嘲的打油诗：来到内蒙古，每天三两土；白天吃不够，夜里给你补。

风停时，展现出一望无际的荒凉，这就是想象中“风吹草低见牛羊”的内蒙古大草原吗？面对严酷的现实和落差，这些血气方刚的年轻人还是留了下来。尽管以后创业的路比当初感受的更艰难，但他们却在艰苦的环境中，献了青春献终生，献了终生献子孙，弹奏出时代的强音。

乌吉线完成后，一部分工人又开赴新线建设，一部分留下成了养路工。乌吉线除了始发站乌海西（原名三道坎）和终点站吉兰泰以外，全线只有黑沙土和本井两个中间站，其他都是以公里标命名的 14 个半道养路工区站点，例如，13.5 工区 ,106 工区等，这在全国铁路也实属罕见，每一个仅以数字命名的站点都是一个顽强的战斗堡垒。

乌吉线每天除了运盐专列，还有一趟客货混合编组的列车，由两节客车厢，一节行李车厢（职工通勤和旅客出行混用），一节水罐车（给沿线工区水窖轮流放水），和数节货物车厢组成，担负着职工通勤、运送旅客、送水送料等任务。

建线 20 多年（截至 1991 年），无水无电一直是沿线各工区站点最大的困扰。

沙漠的气候除了刮风还有炎热。这里年降水量不足 200 毫米，蒸发量却达 3000 毫米以上，最高气温达 47℃，沙漠表层温度高达 70℃。烈日暴晒着沙面，蒸腾着滚滚热浪，形成一个巨大的烤箱。似乎要吸尽人的汗水，晒干人的血肉，夜晚闷热得让人透不过气，睡不着觉。如果能冲个凉水澡那真是莫大的享受，可是这里吃水还得火车送，紧张时还得用水定量分配，常常一盆洗脸水好几个人轮着用，洗成了泥浆还舍不得倒掉，沉淀一下留着继续使用。炎热缺水使很多人嘴唇起泡，鼻孔流血。一旦风沙埋道水送不进来，这里上演着《上甘岭》的情节。有一年冬季某工区断水，恰好还有残雪，职工们把雪收集回来化成水，用来煮饭、饮用。由于量太少，洗漱之类的根本不要想。

存水的水窖卫生状况很差，而且水里常有马蛇子及各种昆虫的尸体，浸泡时间长了产生异味，但是在缺水的情况下，依然还得继续使用。要很长时间才能淘洗一次水窖。有一年，某工区水窖的水总是有一股臭味，而且臭味越来越大。有一天，一位职工下去察看，竟然发现水里有一只已经腐烂的死狗，顿时，全工区的人，一个个恶心的翻肠倒胃、连连作呕。只好淘洗了水窖，等待火车换新水。结果，正好赶上风沙埋道，水不能及时送进来。人们干渴无奈之时，最后，只能登上脚踏轨道车带上水桶向邻近还有存水的工区求援。

为了备荒，平时伙房腌制咸菜，储存容易保存的土豆白菜之类，很难吃上适季的新鲜蔬菜。负责伙食的采购人员到乌达买菜，买多了容易腐烂，买少了难以接续。

一位青年职工，守着煤油灯，弹着吉他，在排遣自己的寂寞

夜幕降临后，人们承受着无尽的孤独和寂寞。如果天好借着月光聊天。煤油灯一个房间一盏，困难的时候煤油也是定量控制分配，人们都不舍得用，叠被子穿衣服等能摸黑进行的活动尽量不点灯。

在这艰苦的环境中，若干年来这里发生了许许多多令人唏嘘感叹的故事。

20 世纪 60 年代是一个饥饿的年代，粮食不够吃得想办法补救，一天下午，职工戴宝林的妻子到沙滩打蒿籽，不料刮起了大风，三天三夜，天昏地暗，她在沙漠迷失了方向，连冻带饿死在了沙漠中。

75 公里工区巡道工李金的妻子有孕在身，一天深夜，她感到身体不适要临产。李金下夜班时妻子肚子已经疼痛难忍，好不容易等来了火车，也不管是开往哪个方向就上了车，孩子生在了车厢里，车停在本井站，人们用担架把产妇抬下来，在工区办公室设立了临时产房。

陈树玉妻子生小孩那一天，恰好是上午上班时间，工区的职工都在四公里之外的线路上施工。当时工区只有工长刘树德在做内务，当陈妻疼痛的喊叫声传到老刘的耳朵里，他急得抓耳挠腮。老刘说：你坚持一会，等人回来再生。陈妻说，我坚持不住了，孩子快要下来了。老刘一咬牙说，你等等我洗洗手。于是老刘挽起袖子开始接生，待工友们回来时，一个嗷嗷待哺的婴儿经过老刘那双粗糙的大手来到人间。这件事成为乌吉线动人的佳话。

有一年，28 公里工区一名职工患了疾病，没有通行的车，怎么办？工长侯喜英硬是把他背到了三道坎卫生院抢救。

这是幸运，也有不幸。

霍虎虎的孩子生病了，正值风沙埋道季节。火车不通，其他任何车辆进了沙漠都寸步难行。人们望着被病魔折磨的孩子，急的手足无措。

这是被全国总工会、铁道部表彰过的先进工区：96 公里工区。墙上的标语“沙漠献青春、乌吉写豪情”，表现出乌吉线铁路职工的无私奉献精神

养路工们轮流抱着孩子在沙漠里跋涉，想尽快把孩子送进医院。可是孩子在养路工火热的胸膛留下了最后一滴泪，然后静静闭上了眼睛。孩子临终的泪水撞破了这些汉子们感情的闸门，他们放声大哭。

乌吉线建设半个世纪以来，职工换了一代又一代，铁路职工子弟、退转军人、大中专毕业生成为接班人。

不但涌现出许许多多先进工作者、先进集体，也诞生了多位内蒙古劳模、铁道部劳模、火车头奖章获得者。

乌吉线几代职工的扎根奉献，感染着许多漠外人。各级媒体进乌吉线采访报道，本地区本行业的新闻宣传部门更是重视，1987 年春节期间，《乌海日报》政文部主任、记者郝逸云，通讯员杨祥君、胡金平一行三人深入乌吉线进行为期一周的采访，在《乌海日报》整版刊发了长篇通讯报告《这里奔腾着生活的激流》。1991 年，《内蒙古铁道》记者李运

乌吉线送电剪彩仪式

生徒步乌吉线全程，沿途采访并在报纸连载沿途报道。1992 年，乌海西铁路工人俱乐部宣传干事杨祥君，又徒步乌吉线，书写了电视专题片《大漠深处铁路魂》，在铁路系统举办了“乌吉人摄影展览”，对此，《工人日报》《人民铁道》报和《五月风》杂志均进行了报道。

铁道部、铁路局和各站段单位，也在逐年改善乌吉线设施设备和工作条件。1992 年春节前乌吉线的乌海西到黑沙土区段首先通了电，以后电路又贯通了全线，结束了乌吉线煤油灯的历史，对乌吉线职工来说这是最大的福音。电灯照亮之时，职工们欢呼雀跃，流下了激动的热泪。随后又给沿线各个工区站点陆续配备了电视、冰箱等电器，乌吉线进入了一个新的时代。

经过数十年的艰苦努力，如今乌吉线沙害得到有效控制，现代化铁路运输设备和养路机械得以运用，钢铁巨龙在大漠畅通无阻。

吉兰泰盐场已发展成为全国湖盐行业机械化程度最高的企业，数千万吨吉盐由大漠深处运往祖国各地。同时，运出的太西煤、铁矿石、花岗岩、石膏、萤石、碱等，出口到法、英、美、德、澳等十几个国家和地区。乌吉线，这条沙漠铁路，为内蒙古经济腾飞提供了强大的助力。

（本文图片摄影：杨祥君）

"华丰"之路

◎陈玉亮

乌海市华丰物业服务有限责任公司（以下简称"华丰物业公司"）于2007年4月成立，注册资本金208万元，原神华集团乌达矿业有限责任公司（以下简称"乌达矿业公司"）出资41.60万元，占注册资本金的20%，全部以货币形式出资；原企业重组职工出资166.40万元，占注册资本金的80%。股本构成为：参加重组职工用安置费或以经济补偿金折合为等价股份，公司决策层、中高级管理人员认购的与其职务相应的岗位股。乌海地区四公司整合后，2009年2月乌达矿业公司股份变更为神华集团乌海能源公司（以下简称"乌海能源公司"）持有。2014年4月，华丰物业公司资质升级到国家二级（当时，乌海市物业服务企业资质升级到国家二级的只有5家），内蒙古自治区住房和城乡建设厅要求注册资本金达到300万元才能取得国家二级资质，职工再次入股增资92万元，增资后职工持有注册资本金的86.13%，乌海能源公司（现国家能源集团乌海能源公司）持有注册资本金的13.87%。

华丰物业公司是一家主要服务于乌达矿区、工业园区、乌海能源公司综合办公大楼，集保洁、餐饮、绿化、区域供热、住宅物业服务等物业项目为一体的综合性服务企业，申请并通过了IS09001:2008国际质量体系认证；IS014001:2004国际环境管理体系认证；OHSAS18001：2007职业健康安全管理体系认证。企业成立至今按照现代企业制度管理要求，在服务模式与创新管理上，不断探索和进取，通过规范化、专业化管理运作，以高标准、全方位的物业服务，在社会上和同行业中树立起了"华丰"优秀物业服务品牌与企业形象，是乌海市最具规模和实力的物业服务公司之一。企业及物业服务项目曾荣获自治区、市、区级诸多荣誉。

序　幕

1978年11月24日，安徽省凤阳县小岗村的18位农民以敢为天下先的胆识，很悲壮地签订了一个协议，每个人按了一个红指印，把地分了，搞起“大包干”生产责任制。这一中国农民的伟大创举，随后以家庭联产承包责任制的形式推向全国，开启了农村经济体制改革的大幕。这一天，就这样载入了中国经济改革的史册。

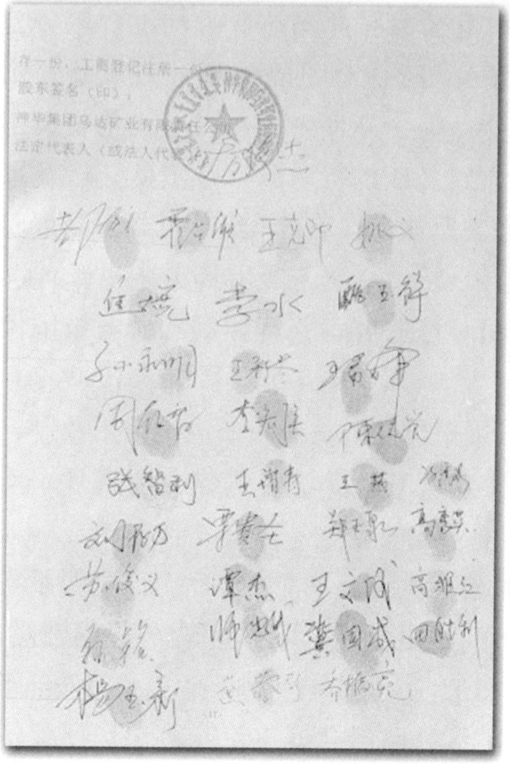

一个个鲜红的指印，和小岗村那些农民的伟大创举，是不是有些相似？不管怎么说，这是“华丰之路”迈开的第一步。那些当初按下指印的人，会不会感到一些自豪

2007年7月30日，华丰物业公司注册资本金到位。这年8月的一天，乌达矿业公司董事长乔俊杰与华丰物业公司32个股东代表郑重地在《乌海市华丰物业服务有限责任公司章程》的最后一页上加盖乌达矿业公司公章，签署姓名，华丰物业公司的股东代表签名并一一摁下了红指印，由此揭开了华丰物业公司投身市场经济汪洋大海的序幕，走上了“华丰”之路。这个日子，足以载入乌达矿业公司和华丰物业公司的发展史。

把小岗村的创举这样一个“大历史”和“华丰”之路这样

一个“小历史”放在一起叙述绝非牵强，宏大和精致都是活生生的历史。小岗村“大包干”是“基层”发动，高层认可，顶层推广，继而汇入波澜壮阔的历史；“华丰”之路是由乌达矿业公司为深化企业改革，量体裁衣“顶层设计”，“华丰人”识大体、顾大局，积极响应，毅然决然挥别往昔，踏上充满光荣与梦想的征途。

“前世今生”

华丰物业公司出生于“央企”，其前身是原乌达矿务局综合服务公司（以下简称“综服公司”）。综服公司成立于1999年4月5日，由乌达矿务局生活福利处、房产管理处、综合开发公司、机电设备安装工程处4个处级单位合并而成。并将原属各矿的行政科、环卫队，以及原属劳保处的多种经营公司、绿化队和公路队等12个科级单位成建制划归综服公司，合并后的综服公司职工达2003人（属于费用具实补贴单位）。

此后一个时期里，乌达矿业公司对综服公司管理体制和服务范围做过一系列变动和调整。

2003年，综服公司相关6个二级单位并入黄白茨矿进行重组改制，并依据相关政策向政府移交企业办社会职工202人；同年，局属3个幼儿园成建制划归综服公司管理。

截至2006年8月31日，综服公司共有下属单位26个，主要服务项目有矿区环卫、房产管理、幼儿教育、机电安装、供热、室内外管网维修、招待所、单身宿舍、印刷服务、食品加工、小型土建维修、职工自行车（摩托车）看管、乌达矿业公司本部及矿区公路绿化、卫生及办公场所保洁服务等。在册职工908名，其中固定工291名，合同制工182名，集体工434名（包括五虎山矿多种经营公司40名环卫集体工），临时工1名。按照生产岗位系统划分，环卫系统职工264名；幼儿园系统教职工51名；矿区公路、住宅小区及乌达矿业公司本部绿化系统、公路养护系统职工114名；供热系统职工65名；房产管理系统职工17名；单身职工宿舍楼、看管自行车（摩托车）、办公场所保洁、设备、运输、供应等系统职工

56 名；机电安装、招待所、印刷等自负盈亏系统职工 103 名；多种经营系统职工 178 人；机关管理人员 36 名；内退、长期生病、工伤职工 24 名。

2006 年 12 月 26 日，乌达矿业公司决定综服公司以“五虎山矿综合服务部”名义纳入五虎山矿进行重组改制，并根据相关政策将符合企业办社会职能的业务和人员移交政府，不符合移交条件的后勤业务和人员，2007 年 8 月依照国经贸企改〔2002〕859 号、劳社部〔2003〕21 号文件精神，主辅分离辅业重组改制为乌达矿业公司参股的华丰物业公司。

截至 2007 年 10 月，重组改制后的华丰物业公司职工总数由综服公司成立时的 2003 人，经多次机构和人员的增减变动，借助相关政策，向政府移交供热、环卫、幼儿园等职工及办理提前退休，职工买断工龄等共计 1800 余人，重组改制时固定职工为 193 人。

重组改制后华丰物业公司是一个既独立于主业，又与主业密切相关，重点为主业服务，高效统一、专业化的物业公司，为主业相关单位提供优质、文明、高效的物业服务并实现良性发展，妥善安置重组改制职工并保持稳定的具有独立法人资格的经济实体。

此次重组改制，使乌达矿业公司基本甩掉了沉重的企业办社会历史包袱，全体重组改制职工为此也付出了身份置换、工龄和工龄补偿费归零等巨大的牺牲。

扶上马，送一程

鉴于综服公司自成立以来一直是乌达矿业公司的后勤服务费用补贴单位，属于既无优良资产和资金积累，也无生产自救能力和市场竞争能力，需要乌达矿业公司予以扶持的企业。为了妥善安置重组职工，积极有效扶持重组改制企业，乌达矿业公司出台了具有“政策性、补贴性、安置性”特点的《乌达矿业公司五虎山矿综合服务部重组改制实施方案》（以下简称“方案”），使华丰物业公司重组改制有了法律依据，依照《方案》进行了重组改制。

庄重严肃的股东代表大会

重组改制的指导思想是坚持从实际出发、因地制宜、实事求是的方针，坚持“三个有利于”的标准，以中办发〔2000〕11号文件及《中华人民共和国公司法》为政策依据，以建立“产权清晰、权责明确、政企分开、管理科学”的现代企业制度为目标，以市场为导向，以产权制度改革为核心，通过重组改制，最大限度地盘活有效资产、安置职工，实现企业转换经营机制、职工转换国有身份两个根本性转变，强化重组企业内部管理，努力打造一支乌达矿业公司统一的专业化的后勤物业服务队伍，实现可持续健康发展。

重组改制的原则是：注重企业效益与安置职工并重的原则；讲求“公开、公正、公平”和平等自愿、互惠互利的原则；坚持企业与职工双向选择的原则。

重组改制的基本思路是：通过重组改制，成立具有独立法人资格的华丰物业公司。该公司的业务组成内容分三块：一是纳入本次重组改制范围的五虎山矿综合服务部原承担的各项职能（其中包括五虎山矿所属的工业场区供暖、食堂、班中餐、招待所、浴池、工业广场绿化、办公场所保洁服务等）；二是未纳入本次重组改制范围的五虎山洗煤厂、苏海图矿、苏海图洗煤厂所属的与五虎山矿相对应的物业服务项目；三是黄白茨矿、凯鸿洗煤厂所属的物业服务项目。

在重组形式和方式上，分三步走。第一步，先将纳入本次重组改制范围的公司组建起来；第二步：将未纳入本次重组改制范围的五虎山洗煤厂、苏海图矿、苏海图洗煤厂所属的与五虎山矿相对应的物业服务项目划归重组成立的华丰物业公司代管；第三步，将黄白茨矿、凯鸿洗煤厂所属的物业服务纳入华丰物业公司管理序列。通过以上步骤的重组整合，最终形成既独立于乌达矿业公司主业，又与主业密切相关，重点为主业服务，高效统一、专业化的物业公司，为精干主业，实现高产高效矿井创造条件。

华丰物业公司改制时只接收了乌达矿业公司一栋建于1960年左右，1600平方米砖混结构平房作为办公场所（在乌达矿业公司院内，原综服公司办公场所），无其他任何资产，是乌达矿业公司第一家无带资重组改制企业。

此后的经营发展范围是乌达矿业公司所属各矿、厂的工业场区供暖、井下供暖、部分居民区住宅供暖、食堂、班中餐、招待所、浴池、工业广场绿化、办公场所保洁服务、机电安装维修、小型土建维修、室内外管网维修、单身宿舍、职工下井工装换洗烘干、职工自行车（摩托车）看管等。

虽然分家过日子了，乌达矿业公司（后为乌海能源公司）对于华丰物业公司仍然给予了大力的扶持、帮助，为企业持续十年的稳健发展奠定了坚实的基础。

2007年8月16日，乌达矿业公司与华丰物业公司签订了为期十年的扶持协议（2007年8月16日—2017年8月15日）。

《扶持协议》中除《方案》中原有物业服务项目外，特地增加了一条：凡乌达矿业公司今后新增厂矿的物业服务项目，优先由华丰物业公司进行管理和提供服务；上述各类物业服务项目仅限于华丰物业公司进行管理和提供服务，不得由第三方介入。

主要服务项目如下：

乌达矿业公司本部办公区卫生保洁、综合维护（面积63131平方米）。

乌达矿区绿地、花木、林地养护管理（面积325090平方米）。

乌达矿区供暖服务（面积74020平方米）。

乌达矿区公路日常养护管理（14.06公里）。

乌达矿区房屋档案管理，房屋变更办证。

清运垃圾，维护卫生

2008 年 1 月，由原五虎山矿业公司自行管理的物业服务项目和 78 名改制固定职工划归华丰物业公司管理（以上固定职工入股及在册均在五虎山矿业公司，对于华丰物业公司属于代管劳务输出关系）。

风风雨雨华丰路

得益于乌达矿业公司的特殊扶持政策及后来乌海能源公司的大力扶持，华丰物业公司在成立后的十余年里，虽然历经坎坷，倍感艰辛，却也实现了“盈亏持平”的重组改制目标，生产经营平稳运行。从央企“脱胎”为地方民企，华丰物业公司始终站在讲政治、讲大局的高度，积极履行应尽的社会责任，2007 年至 2020 年 11 月，累计实现营业收入 43535.62 万元，缴纳各项税金及附加 3373.39 万元（2007 年 5.29 万元，2008 年 163.22 万元，2009 年 283.30 万元，2010 年 207.95 万元，2011 年 245.47 万元，2012 年 329.46 万元，2013 年 310.59 万元，2014 年 308.88 万元，2015 年 310.87 万元，2016 年 292.41 万元，2017 年 261.95 万元，2018 年 290.85 万元，2019 年 212.08 万元，2020 年 151.07 万元），取得了较为显著的经济效益和社会效益，为地方经济社会发展做出了应有的贡献。华丰物业公司栉风沐雨，爬坡过坎，战胜了重重艰难险阻，历史的荣光不应忘记。

由于众多原因，在重组形式和方式上分三步走的战略——实际只走了第一步，后续工作未能完全执行到位。乌海能源公司随着改革的不断深入，物业服务实行市场化运作，在服务标准不降的情况下大幅度缩减了当初已确定服务项目的费用。

政策性困难。《方案》及《扶持协议》中有关业务范围、职工待遇等扶持政策条款始终未能得到有效执行。

业务范围。2015 年以来，乌海能源公司苏海图煤矿、苏海图洗煤厂关停，相关业务消失，业务消失占总业务量的 60%。

职工待遇。《方案》及《扶持协议》明确规定：职工的工资比照乌达矿业公司辅助单位的标准执行。后来根本无法执行，且差距已大幅拉开。直至 2020 年年末，华丰物业公司改制重组职工工资标准仍执行 2008 年后勤服务单位标准，比同时期重组改制其他单位职工工资标准低很多。最低的月工资仅为 1800 多元，已接近当地最低工资标准。

市场不相信眼泪。华丰物业公司经历了峥嵘岁月，历经了市场经济和深化改革涉入"深水区"的一次又一次"阵痛"，甚至是长痛。英雄的华丰人面对困难，上上下下没有悲观失望，而是坚定信心、勇赴时艰、不辱使命，积极开拓业务市场，负重前行，求生存、求发展。

早在 2008 年，华丰物业公司决策层就居安思危，在深耕主营业务乌达矿业公司工矿服务业务的同时，内抓管理，外拓市场。进军住宅物业服务市场首战告捷，在乌海市、乌达区政府和乌达矿业公司的大力支持帮助下，这年的 11 月、12 月，陆续争取到了爱民佳苑、安居佳苑两个小区的物业服务业务。此为乌达区第一家专业公司进驻居民小区开展住宅物业服务，开辟了住宅物业服务市场的根据地。爱民佳苑小区 42 幢楼，住户 2028 户，5000 多人，服务面积 15.3 万平方米；安居佳苑小区 58 幢楼，住户 3030 户，7500 多人，服务面积 22 万平方米。良好的信誉，优质的服务，赢得了业主的好评和支持，收费率达到 90% 以上。2010—2012 年，华丰物业公司连续三年荣获乌海市人民政府"优秀物业管理服务企业奖"。2012 年，爱民佳苑小区被内蒙古自治区住房和城乡建设厅授予“人居环境范例奖”；2013 年，爱民佳苑小区被住建部授予“中国人居环境范例奖”。此奖虽为授予社区的综合奖，但也包含了华丰物业人的辛勤和汗水。2014 年，被内蒙古自治区物业管理协会评为“文明优质物业服务企业”；2016 年，荣获乌海市第二届物业管理服务技能大赛第二名。2017 年，五虎山矿区被内蒙古自治区住房和城乡建厅评为“2016 年度全区物业管理示范项目”。

2006 年 12 月（华丰物业公司酝酿重组改制之时），根据《方案》及《扶持协议》相关规定，华丰物业公司远赴杭锦能源公司后勤服务战场，还曾一度占领临近一家电厂的物业服务阵地。几经鏖战，历尽艰辛，闯荡市场，2016 年 12 月，对该项业务实施战略性撤离。

2014 年 12 月，进驻乌达工业园区乌斯太电厂开展物业服务，2020 年 3 月合同期满。合作 5 年多，与该厂建立起了非常融洽的合作关系。

2014 年 10 月，五虎山矿业公司服务项目被内蒙古自治区住房和城乡建厅评为“优秀示范工业区”。

2015 年 9 月，被乌海市工商局授予“重合同守信用”企业。

决战“疫情”在华丰

这个春节不寻常。2020 年，新冠肺炎疫情发生以来，华丰物业公司积极响应党和国家号召，按照乌达区委和区政府、乌海能源公司安排部署，众志成城，勇赴时艰，打响了艰苦卓绝的疫情防控阻击战，为企业“一防三保”和社区疫情防控做出了应有的贡献。

疫情就是命令，防控就是责任。华丰物业公司提高政治站位，压实防控责任，加强组织领导。2 月 2 日，成立了疫情防控领导小组，并制定了具体防控措施；发出致所属党支部、广大党员倡议书。当天，班子成员即奔赴分管工作范围疫情防控各个战场；全体干部职工总动员，战斗在各自岗位。

据统计，此期间用于疫情防控的物资达 29.94 万元。

五虎山职工餐厅承担着五虎山矿业公司 940 多名职工的班中餐服务工作，全体工作人员全力以赴投入疫情防控工作，一切为了矿工兄弟姐妹

疫情中，华丰公司在管辖和服务范围内，制定实施了史上最严格的防控措施。图为五虎山职工餐厅，在疫情中，这里采取了多种措施防控病毒

的安全健康，助力五虎山矿业公司乃至乌海能源公司打赢“一防三保”攻坚战。根据华丰物业公司和所在服务单位要求，制定了史上最严格的防控措施。每日对餐桌、门把手、楼梯扶手、桌面等物体表面用消毒剂进行擦拭、消毒三次。每日为工作人员统一发放口罩，使用后统一销毁。职工就餐采取错峰就餐或带回宿舍就餐等方式进行，避免聚集就餐。加强日常通风，餐前餐后保持通风。严格抓好食品卫生工作，要求后厨工作人员必须严格按照食品卫生法规及食品加工操作流程进行食品加工。仅春节后两个月内，职工餐厅检测、登记人员达 5000 多人。

最深情的坚守是“担当”。住宅物业服务行业既是战“疫”的最前沿，又是保卫家园的“最后一公里”。华丰物业公司住宅物业服务范围点多线长，承担着爱民、安居、锦湖、碧海、蓝天、新华等小区的物业服务，疫情防控任务非常繁重。物业服务项目职工构筑“隔离墙”，编织“防护网”，用责任、担当、使命谱就了一幅幅物业行业决战“疫”情的群英谱。因为一场“疫”战，华丰物业人在这场没有硝烟的战役中留下了自己的足迹，用专业、负责的态度和扎实的工作保证了小区的安全，用实际行动告诉业主：有华丰物业公司在，请你们放心！守土有责、守土负责、守土尽责，深深体现了华丰物业人的“家国情怀”。

这里党旗分外妍

华丰物业公司党委是在原乌达矿业公司综合服务公司党委的基础上，纳入五虎山矿重组改制序列后，经乌达矿业公司党委批准于2007年6月重新选举产生的党委，组建后的新一届党委有党员96人，党委委员5人，11个基层党支部，专兼职党务干部19人，直属乌达矿业公司党委领导。2008年乌海地区四公司整合后，统一归属乌海能源公司党委领导。

截至2016年9月，华丰物业公司有党员87人（其中五虎山矿业公司托管党员10人，苏海图洗煤厂托管党员3人），基层党支部11个，专兼职党务干部13人。

截至2020年9月，华丰物业公司党委下设机关党支部，五虎山矿物业服务联合党支部，施工项目部党支部，保洁绿化党支部，黄白茨矿、苏海图矿物业服务联合党支部，住宅物业服务党支部6个党支部，共有党员68人，其中预备党员1人。

由于历史渊源，华丰物业公司党委一直隶属于乌达矿业公司、乌海能源公司党委管理，作为一家民营企业，始终按照“央企”标准开展党建工作。长期以来，华丰物业公司高举习近平新时代中国特色社会主义思想伟大旗帜，始终坚持“党要管党、从严治党”的原则，抓班子、带队伍、促发展，加强组织建设、制度建设、队伍建设、党风廉政建设，围绕中心工作抓党建，抓好党建促发展，以党建引领安全生产、经营管理、改革发展等各项工作。近年来，持续推进“两学一做”学习教育常态化制度化，建立起了“不忘初心、牢记使命”主题教育长效机制，持续提高党建工作科学化水平，为企业安全发展、和谐发展提供了坚强的政治保证、组织保证。

2020 年，为坚决打赢疫情防控阻击战，华丰物业公司于 2 月 5 日在基层 6 个党支部设置 9 个党员先锋岗，由 23 名党员组成，投入战“疫”行动。3 月 12 日，对党员先锋岗进行了调整，将党员先锋岗的设置覆盖到了 6 个党支部和全体 69 名党员。各先锋岗共产党员在引导动员职工共同打赢疫情防控阻击战中积极践行初心使命，在各自工作岗位上亮身份、树形象、做表率，始终战斗在疫情防控和安全生产工作最前沿，彰显出了先锋岗共产党员的形象。党旗飘扬，构筑起了疫情防控和安全生产的一个个坚强堡垒，汇入了这场全民战“疫”的磅礴力量。认真开展“最强党支部”“标准化党支部”“示范党支部”创建工作。制定工作目标、总体措施，建立领导干部联系点，所属 6 个党支部全部投入创建工作。加强意识形态建设，党委、各党支部认真落实意识形态工作主体责任，将意识形态工作纳入重要议事日程，与安全生产、经营管理工作同部署、同落实、同检查考核。

华丰往何处去

华丰物业公司的重组改制和所服务的项目，是在当时历史特定的情况下，为当时因企业甩包袱而牺牲个人重大利益的重组改制职工制定和划分的。重组改制时职工虽然执行了提前 5 年、10 年退休的政策，但仍有各单位归属的部分老、弱、伤、病职工达不到退休年龄，这些职工纳入重组改制范围后无法正常参与企业的服务工作。

2018 年 12 月，乌海能源公司按照集团公司要求对华丰物业公司所服务物业项目按照 4 个标段公开挂网进行 3 年物业项目招标，2019 年 3 月按招标市场价对华丰物业公司原各项物业项目定价，因华丰物业公司改制固定职工工资成本比市场价较高，乌海能源公司招标物业项目全部处于亏损经营状态。

2018 年 12 月，根据国家有关政策，华丰物业公司承担的“三供一业”业务正式分离，移交乌达区政府，“三供一业”涉及从业人员 102 人（供热 48 人，绿化 54 人），未能同步移交。

以上因素叠加，华丰物业公司营收出现“断崖式”下跌，2019 年首次出现亏损，拖欠职工工资、社保。2020 经营形势更加严峻，出现了自身无法逾越的困境。由于历史原因形成诸多的欠账，华丰物业公司将往何处去?

路在脚下

华丰物业公司内设办公室、人事劳资部、财务部、经营管理部、安健环部、综合督察室、调度室、党委工作部 8 个职能部门; 基层单位 10 个，分别是公司本部保洁绿化队、房产科、五虎山矿综合服务队、黄白茨供热站、苏海图矿物业服务队、乌海能源公司工会乌达活动中心保洁绿化队、乌海能源公司综合楼物业服务项目部、中盛物业服务项目部、住宅物业管理分公司、餐饮管理分公司；现有职工 482 人，其中临时工 340 人。

敢问路在何方，路在脚下。经过多年的经营，华丰物业公司住宅物业服务项目已初具规模。2017 年 12 月，进驻乌达区锦湖佳苑 CD 区。为积极履行社会责任，开拓业务市场，响应当地政府号召，分别于 2018 年 7 月、2019 年 1 月，经招投标接管了海勃湾区蓝天花园、新华小区的物业管理服务工作。2019 年 6 月，接管乌达区碧海花苑小区物业管理服务工作。2020 年 9 月——11 月，又将维邦家苑、恒泰、浩业、民达等小区物业服务项目收入囊中。在当地物业管理主管部门的大力支持帮助下，经专业化运作，这些小区物业管理服务工作呈现出新面貌，得到了广大业主的认可。蓝天花园、新华小区、恒泰、浩业、民达等小区属于老旧小区，物业管理服务难度大，正在寻求政府部门帮助协调，配套新建小区物业服务项目。

针对住宅物业服务项目发展态势，华丰物业公司进一步强化经营管理，对住宅物业服务项目实行了分公司经营管理模式，日常经营管理工作由分公司负责人全权负责，并承担一切运营责任。

2019 年，经招投标，拿到了黄白茨矿供热，苏海图行政楼、职工公寓、浴池保洁等业务。

牢牢巩固乌海能源公司既有物业服务项目“基本盘”不动摇，积极拓展外部物业服务市场，大力开疆拓土，有效扩大“经营版图”，以经营引导管理、以管理促进经营，深入研判市场形势，制定具有前瞻性、可操作的改革发展“路线图”，尽快突围解困，实现健康良性发展，为企业和谐稳定和地方经济发展再做新贡献。董事长、总经理都如是说。

物业服务是一个新兴的朝阳行业，无论经济如何起伏始终是一个永恒的事业。华丰人坚信，华丰物业公司的明天一定是一个明朗的天。

华丰公司外景

（本文图片提供、摄影：陈玉亮）

乌达有个“倍杰特”

◎陈玉亮

内蒙古自治区乌海市乌达区现有两个污水处理厂，一个是乌达经济开发区污水处理厂（以下简称“园区厂”），一个是乌达城区污水处理厂（以下简称“城区厂”）。2017 年 3 月 27 日，乌海市倍杰特环保有限公司（以下简称“乌海倍杰特”）成立，是倍杰特集团股份有限公司（以下简称“倍杰特集团”）的子公司，法定代表人王立攀，注册资金 3000 万元，主要业务范围为污水处理和污水资源化领域的技术研究与开发、设备制造和销售、工程设计与承包建设、技术服务、托运托管等，现负责运营园区厂和城区厂。

一次环保“事件”引出的故事

2016 年，园区厂出了一次环保“事件”，因出水不稳定、水质不达标、中水回用率低，被国家环保部门挂牌督办，限期整改。一石激起千层浪，一时间园区厂被推上风口浪尖，内蒙古自治区、乌海市、乌达区环保部门及相关单位高度重视，用“显微镜”观察园区厂整改的一举一动，一次又一次轮番前来督查整改进度。

园区厂设计规模为日处理污水 2 万吨，分两期建设，一期工程于 2007 年 9 月开工建设，规模为 1 万吨 / 日，2010 年 9 月通过环保竣工验收。二期及中水回用工程于 2009 年 8 月开工，规模为 1 万吨 / 日。

2010年5月正式投入运行以来，日平均处理污水量1.23万立方米，对改善城市水环境，治理污染，保护当地流域水质和生态平衡具有十分重要的作用。同时对改善乌海市的投资环境，实现经济社会可持续发展具有积极的推进作用。根据乌达经济开发区经济转型的需要，园区厂需要进一步改扩建以满足高难度化工类废水处理需求，2014年10月乌达区政府以BOT模式引进南京普信环保股份有限公司（以下简称“南京普信”）建设运营。

这次环保整改项目的关键是资金投入和工艺改造技术。南京普信由于资金、技术等原因，整改工作一直停滞不前，无法动作。如果关停园区厂，不仅仅是一个厂的事情，整个乌达经济开发区企业的污水处理、正常生产都将受到影响。

兹事体大，关乎全局。乌达区委、区政府以时不我待、只争朝夕的紧迫感实干担当，积极寻找环保问题“摘帽子”的路径。2017年春节前夕，经多方考察，研究论证，把整改落实国家环保部门挂牌督办事项的目光瞄准了在业界颇有名气的倍杰特集团，特邀其前来洽谈合作事宜。倍杰特集团是一家集研发、设计、设备开发与制造、施工建设、运营服务和投资于一体的环保产业综合服务商，业务领域涵盖城市污水处理及资源化、工业企业及园区废水零排放，可承担各类环保EPC、BOT、DBO、PPP和专业运营服务项目。因对乌达区不是十分熟悉，加之年关将至等原因，倍杰特集团未能立即前来。来不了就去请。这年的腊月二十三，时任区委书记包野、区长韩丽萍一行带着乌达区大半个班子及相关部门负责人来到倍杰特集团位于北京的总部，表示了坚决落实国家环保部门整改要求的决心；洽谈合作的意向，介绍了乌达区的营商环境。几轮洽谈下来，倍杰特集团权秋红董事长深为这些人的诚意、执着和坚持而感动。韩丽萍和权秋红都是女人，女人之间更容易建立起理解和信任，都深深被对方的责任感、事业心和个人魅力所征服，嵌入点是乌达区亟待整改的环保问题和倍杰特集团的环保事业“梦想”，双方很快达成了合作意向，从而实现了乌达区和倍杰特集团的首次“握手”。

乌达来了“倍杰特”

时间不等人，说干就干。2017 年大年初三，倍杰特集团先期考察调研人员来到乌达，就资金投入、工艺技术提标升级改造等进行可行性研究。经过对乌达区营商环境及具体环保整改项目的深入研判，倍杰特集团给出了解决方案。这年的 3 月 27 日，乌海倍杰特成立，投入真金白银 1.4 亿元，实施园区厂工艺技术提标改造工程，拉开了园区厂乃至乌达经济开发区工业污水治理“一揽子”计划的序幕。至此，乌海倍杰特正式“落户”乌达。

其实序幕就是实战，乌海倍杰特以雄厚的资金实力、完备的工艺技术，只争朝夕投入园区厂工艺技术提标升级改造工程。此前，乌海倍杰特在定下方案的同时，为保证一次性试车成功，加工了一套试验中试装置，模拟现工艺流程，提出解决方案。现场中试，最终确定了提标升级改造工艺路线，对活性焦池、V 型滤池等生化系统进行设计、施工、运行。

工艺技术提标升级改造采用芬顿预处理 +AAO+ 混凝澄清过滤 + 气浮 + 活性焦吸附 +V 型滤池的重污染废水处理工艺，使出水达到一级 A 排放标准；轻污染废水采用混凝沉淀 +V 型滤池 + 保安过滤 + 超滤 +RO 反渗透的处理工艺，产水全部回用企业。对乌达经济开发区企业来水进行分质收集，个别特殊废水单独设管收集，实现了一水一管，一企一管，分质处理。采用气浮 + 活性焦吸附 + 过滤的深度处理工艺，提高了系统的抗冲击能力，有力地保证了出水的稳定达标。

2017 年，国家环保部门挂牌督办的那个环保“事件”，通过了复验，一举“摘”帽，比整改期限大大提前。园区厂经工艺技术提标升级改造，三年多来各项出水指标正常，一直稳定运行。

园区厂工艺技术提标升级改造工程的成功实施，使乌达经济开发区实现了废水污染物的减排和废水综合利用，减轻了环保压力，具有重要的节能减排意义，为乌达经济开发区企业提供了良好的基础配套设施，解决了企业的废水处理问题，极大地提升了乌达经济开发区的竞争力，同时也为乌达区循环经济发展增加了新的亮点，为周边及内蒙古自治区的工业园区环境治理起到了积极的示范作用。

回顾这段经历，总经理王立攀说：从 2017 年 3 月开始，乌海倍杰特打了一年多的硬仗，工艺技术提标升级改造工程的圆满完成，赢得了乌达区政府的信任和乌达经济开发区众多企业的支持、合作。2018 年，南京普信退出园区厂运营后，乌达区正式与乌海倍杰特签署了园区厂托管运营协议，随后城区厂也纳入乌海倍杰特运营。乌海倍杰特在乌达扎下了根。

小厂干出了大事情

2018 年，为加大对污水资源化再利用力度，乌达区将城区厂与园区厂联动运营提上重要议事日程，倍杰特集团本身就是国内工业领域最大的污水整体解决方案供应商，曾开创了“市政 + 工业联动”的全新环保治理模式，这一模式在乌达区再次被成功实践。市政污水与工业污水联动零排放是指收集城市污水，将城市污水中的部分原水作为工业污水的营养源，提高工业污水的可生化性。处理后的中水经过工业污水处理厂深度处理实现循环利用，最终达到工业与市政联动治理，实现污水零排放。当年，乌海倍杰特通过技术工艺改造、铺设管路，使城区厂、园区厂实现了联动运营，城区厂已经成为乌达经济开发区企业重要的工业用水提供者。乌达区平均每天生产的 1 万吨城区污水、1.2 万吨工业污水经处理后都变成了中水，提供给乌达经济开发区企业使用，基本达到了零排放，既解决了工业用水需求量大，来源少的问题，又解决了城区污水排水量大，用途少的问题。

关于城区厂、园区厂联动运营，王立攀有着这样一番说辞。

环保账：最早城区居民污水是作为景观用水，使用后排入黄河，现联动运营后污水经处理后，排到乌达经济开发区企业，实行循环利用，解决了只能供应景观湖用水和沿黄排放等问题。

经济账：企业的天职是赚取利润，但回馈地方也是义不容辞的责任，城区厂、园区厂工艺技术改造共投入 1.4 亿元，没用乌达区政府投一分钱。2017—2019 年，居民污水排放费收取标准分别是 0.8 元 / 吨、0.85 元 / 吨、0.95 元 / 吨，城区厂维持运营，居民缴纳的排污费远远不够，每年政府财政补贴 300 多万元。过去城区居民污水直接排放，乌海倍杰特运营城区厂后，不仅实现了废水回用，而且减轻了这一块的政府财政压力。工业生产污水和城区居民污水经过乌海倍杰特的污水净化处理，成为了乌达经济开发区企业的宝贝，处理过的水根据水质不同，价格从 1.5 元到 7 元不等，一方面降低了企业的用水成本，解决了部分企业水权不足的问题，另一方面也为乌海倍杰特本身带来了一定的经济收益。我们用园区厂经营利润补贴城区厂，实现了自负盈亏。

如今内蒙古君正能源化工集团有限公司、内蒙古华电乌达热电有限公司、内蒙古宜化化工有限公司、内蒙古恒业成有机硅有限公司、内蒙古东源科技有限公司、内蒙古美方能源有限公司等乌达经济开发区支柱企业生产污水和城区居民污水在园区厂处理后，60% 由企业回用，剩余部分用于华银公司矿山降尘，利用率达 100%。

“处理回用每一滴废水，还自然原生态。”这是倍杰特集团的响亮口号，乌海倍杰特正在做。

“特殊的战斗”

2020 年的春节不寻常。新冠肺炎疫情突如其来，年轻的乌海倍杰特又经历了一场考验。面对疫情防控的严峻形势，乌海倍杰特未雨绸缪，防疫生产有条不紊。腊月二十九，紧急部署，采购、备足了一定时间内用的疫情防控物资和生活、生产物资。

疫情就是命令，防控就是责任，作为污水处理服务单位，乌海倍杰特春节期间照常生产，做到了守土有责、守土担责、守土尽责。大年初一开始，一边升级消毒方式，一边开启边防疫、边生产的全新模式。对污水处理、污水处置等区域进行一日3次防疫消杀；定时对进水泵房、格栅间、生物池等构筑物以及污泥外运车辆进行消毒，确保通风、除臭设备24小时运行；根据进水、出水在线监测数据，配合人工水质检测，采取投加次氯酸钠消毒液和其他消毒杀菌措施等辅助方法，尽最大能力切断新冠病毒通过污水传播的可能，全力保障进出水安全。疫情防控期间，减少工作人员对污水池的巡检频率，主要依靠监控平台加强对设备运行情况的监控；视频会议取代现场会议，杜绝人员聚集的可能；因为物流运输不畅，遇到备品备件不足时修旧利废，确保生产正常高效运转。同时，通过内部微信群等渠道做好疫情防控的宣传、教育、引导工作；每日对上班人员进行两次体温监测并做好记录；员工领餐后返回岗位就餐，避免人员密集；对下班后的员工通过"钉钉"定位，保证员工不聚集、减少与外界接触。"我们必须保证自身的正常运行，才能确保其他企业的安全稳定生产。"对于这场"特殊的战斗"，王立攀这样说。

乌海倍杰特在保证自身正常运行的同时，积极履行社会责任，拿出备用的次氯酸钠消毒液捐赠给乌达区红十字会，助力乌达区疫情防控；为三道坎办事处捐赠米面和消毒药剂，为南街派出所、三道坎派出所、乌达交警大队捐赠牛奶、鸡蛋等生活物资。还利用设置在新达办事处辖区的居住地内部食堂的便利条件，每天为所在区域的抗疫一线值班人员送去热气腾腾的午餐。

疫情防控是全国人民的事儿，我们企业不大，但也要做力所能及的事儿，为疫情防控、为当地经济发展贡献力量。王立攀代表乌海倍杰特说出了企业的"家国情怀"。

年轻的企业年轻的人

乌海倍杰特很年轻，这里的人也很年轻。总经理王立攀刚刚40岁出头，园区厂厂长栢德参三十几岁，都是2017年来到乌达开疆拓土的乌海倍杰特第一批"元老"。

在城区厂，乌海倍杰特商务部助理李佳容向笔者提供了企业的许多文字资料、图片，带着看了整个厂区。她是土生土长的乌达人，一个清爽、干练的女孩子，学的专业是化学，2014 年 7 月学校毕业，2017 年入职乌海倍杰特。如果从一个化工企业的角度讲，专业也是对口了。对于城区厂的“前世”说了自己知道的一些事情，对于“今生”如数家珍，从职场气息、职业操守、业务能力均显示出了应有的成熟度。

笔者问：一个本地人在“外企”工作，有什么感想。她未多作思索，连着说出了三个满意：对现在的工作环境满意，工资福利满意，人文关怀满意。具体是什么？工作环境好，设备齐全，劳保用品应有尽有；企业为员工食堂想方设法配备“营养餐”，一日三餐免费；三八妇女节给女工发放诸如蛋糕、花卉等小礼物。中秋、春节等大节日，发购物卡；年终有奖金，大致相当于十三薪。机关享受国家正常法定节假日，双休待遇等，基层实行“三班两倒”工作制。说到职业规划，她已经是部门助理了。

在园区厂，笔者向青年员工郭帅提了同样的问题。他也是乌达本地人，一个阳光、帅气的小伙子，是在“三班倒”工作岗位上的一名普通员工。他说学校毕业后，一参加工作就在乌海倍杰特，感觉这里工作环境好，工资正常开，给缴纳“五险一金”，很珍惜这份工作。看得出小伙子完全是一副满意、开心的样子。让笔者感受最深的是，这里的年轻人对企业的认同、感恩。

乌海倍杰特员工 90% 以上是乌达当地人，大多数是年轻人。年轻的企业年轻的人，年轻就是希望。

今朝更好看

乌海倍杰特对自己定位清晰：是来为乌达区企业服务的环保企业。

现在乌海倍杰特在地区同行业中处于一个什么样的地位？王立攀谦逊而又自信满满地谈到，在同行业中应该是比较好的或者说是最好的。我们是业内的“样板工程”，内蒙古自治区党委书记石泰峰、主席布小林、副主席包钢等来过，乌海市、乌达区领导常来这里检查指导工作。

水质在线检测系统，要求合格率 95%，我们是 99%。COD、氨氮、总磷、悬浮物 4 项指标，每天 12 次测取平均值，每有一项一次不合格，水质就整体不合格，责任重大。日处理能力由过去的 3.2 万立方米提高到现在的 4 万立方米，满足了乌达经济开发区不断增多的企业处理污水的硬性需求。处理后的污水或由企业回用，或用于矿山降尘，实现了达标处理近零排放。

乌达区的营商环境怎么样？三年多来，乌海倍杰特的发展得到了乌达区委、区政府，园区管委会，环保部门等的大力支持。当初，有了乌达区的真诚邀请，乌海倍杰特来到这里，通过园区厂工艺技术提标升级改造工程；这些年园区厂和城区厂的运营，我们对乌达区良好的营商环境更是深有感受。2020 年，推进 40 万吨环保新材料项目过程中，适逢乌达区围绕“质量提升年、项目建设年、环境优化年”建设，持续优化营商环境，其中在优化高效政务服务环境中，抽调各相关单位部门骨干力量 20 多人组成重点项目推进专班，为企业提供咨询、接件、领跑、代办等一站式贴心保姆式服务，实施“一企一策”，精准帮扶，确保重点项目顺利推进。我们这个项目，是乌达区重点项目推进专班任铁军负责督办，他对我们的用水、用电、临时用地、职工住宿等进行协调对接，经常下到工地、施工现场查看项目进度，给予了无微不至的帮助。除了政府安排的专班项目服务外，还对我们的产业链运行、物资物料、员工食宿很好地给出了解决办法，使我们的项目推进比预期快得多。王立攀如是说。

园区厂厂长栢德参说：我们的成功有自身的努力，更多的是由于机缘巧合，天时地利人和都让我们遇到了。国家统一提高水质排放标准，城市污水排放标准由一级 B 提高到一级 A；要求消灭企业自有水井，现无一家企业自用水井。国家环保政策、地方抓环保工作的力度，对园区厂的发展可谓提供了坚定的政策性支持和难得的战略性发展机遇。园区厂与乌达经济开发区企业之间的关系，经过这些年的磨合，已经建立起了非常和谐的、多赢的合作关系，费用做到了每月及时结算。基本目标：

安全生产，稳定运行，达标达产。长远规划：走进企业，与之合作，从源头上处理污水，以乌达为中心，向周边辐射，原正常生产企业生产废水全部向园区厂排放，经处理后回用，新建在建企业合作正在洽谈中。

2020年，乌海倍杰特40万吨环保新材料项目，在乌达经济开发区“破土动工”，标志着乌达区与倍杰特集团的再度握手。该项目位于精细化工及配套聚集区，产品为水净化活性炭及环保设备，主要用于乌达经济开发区精细化工企业污水处理以及园区厂，属于乌达经济开发区配套项目。项目总占地面积700亩，总投资29.20亿元，分三期进行建设。一期工程建设规模为年产10万吨水净化活性炭，同时生产10万吨水净化活性炭配套环保设备，总投资为96000万元，其中环保投资2271万元，环保投资占总投资的2.37%；二期工程建设规模为年产10万吨水净化活性炭；三期工程建设规模为年产20万吨水净化活性炭。无论是产业规模还是经济效益、社会效益、环保效益都堪称“大手笔”。

乌海倍杰特工资、福利待遇、社保情况怎么样？人均工资在当地属于中上水平。员工上班，提供一日三餐，全部免费，企业每年补贴大约50多万元。自企业成立之时，为所有员工缴纳“五险一金”，这里没有“临时工”。

今朝更好看。实现碧水蓝天的梦想；真正废水资源化利用，做企业用得起的零排放。乌海倍杰特正在实践，目标愿景执着而坚定。

经历乌达教育事业那段艰难岁月

◎李兰凤 口述　郝逸云 撰稿

我是1970年参加工作，没多久就被调到乌达黄白茨矿小学当老师，一直干到退休。那个时候，“文革”已经到了中后期，乌达矿务局百废待兴，教育事业也在艰难地重新崛起，各方面条件都很困难。回忆当年我入职教育行业的前前后后，既感慨万千，又因为经历了那段艰难岁月，而油然生出一种创业者的自豪。

我的第一份工作，是1970年8月招工到乌达矿务局大修队修公路。当年乌达新区到三矿的那条柏油马路，就是我们大修队修的。那个时候哪有现在那么先进的设备，几乎全靠人工。垫路基的时候，石子儿、沙子全都是我们用大筛子筛出来，然后一筐一筐抬上去的。一大筐石子儿一百多公斤，抬筐的杠子都压弯了。我那时候才刚满18周岁，又是个女生，杠子压在肩上，两腿光打哆嗦，就是迈不开步。咬牙坚持了几天，才慢慢适应过来。可是一群年轻人在一起，好像不知道累似的。工间休息，也不说坐下歇一歇，恢复下体力，还照样打打闹闹，筐子里站进去两个大胖子，挑战看谁力气大能抬起来。

路基垫起来了，开始铺沥青，我和几个小姊妹负责熬沥青。坐大卡车去火车站把大块大块的沥青拉回来，扔到一个大矿车斗子里，底下架上火烧。烧化了就可以往路面上洒了。

这份工作，你可以想象一下。风吹日晒不用说，烟熏火燎不用说，光是沥青在高温下挥发出来的有害气体，就把人熏得上不来气，睁不开眼，眼睛总是又红又肿，跟个烂桃似的。当然也有一定的防护，发的工作服是两层的，一层再生布，一层劳动布，还有头罩，再扣上一副防护眼镜，好在工作服是蓝色的，如果是黄色的，整个就是一“日本鬼子”的防化兵。就这也管不了多大用，每天眼睛又痒又疼，眼屎擦不完，睡一晚能把眼皮粘住，早晨起床得用清水洗洗泡泡才能睁开眼。可是那一代的年轻人，似乎特别能吃苦，我们一起工作的几个小姊妹，每天说说笑笑，打打闹闹，从来没有听到谁叫苦喊累。工作起来精气神儿十足。

不过，这份工作我只干了不到三个月，1970 年 11 月的一天，突然莫名其妙的接到队领导的一个通知，让在几天内写一篇文章交上去。写啥、咋写？随便，想写啥写啥，想咋写咋写。当时我也没多想，就按照要求随意写了篇东西交了。没承想，就是这篇东西改变了我一生的命运。

之后没几天，队里的指导员（那时企业都按照军队的建制来编排下面的车间班组，指导员大约是现在书记的角色吧）把我叫到他的办公室，毫无商量地说，矿务局下来调令了，让你去一矿小学当老师，你收拾一下，马上去报道吧！

我一下子没反应过来，就傻愣愣地问了一句：

“为啥让我去当老师？”

指导员大概也没想到我会这么问，也愣了一下说，什么为啥，让你去当老师还不好？我想也没想就说，我不想当老师，让别人去吧！

这是我当时的真实想法。在我的认知当中，能当老师的人都是有学问的人，因为“文革”的原因，我连初中都没念完，拿什么教人家孩子？

指导员挺有耐心，说，不是你一个人，咱们大修队一共要抽调二十多人呢。现在全矿务局的各个小学，老师缺得太多，一矿、二矿、三矿的小学，还有局小学，都嗷嗷叫着让局里给补充老师，局里只好从各单位选拔。局里调令都下来了，你不去也不行了，大修队没你什么事了。实在不行你去局里找一找吧，看看能不能把调令撤回去。你要是能找成，我调你去宣传科。

指导员又大致地给我讲了讲乌达地区教育系统的情况，由于这些年矿务局规模扩大，职工人数急剧增加，孩子们都陆续进入了上学的年龄，学校规模也不得不随之急剧扩大。可是自“文革”以后，师范类的中专、大专、大学毕业生，分来乌达的寥寥无几，连中学都满足不了，各个小学连“毛儿”都摸不着。可见矿务局主管教育的部门有多着急，就连我这点文化水平的“女娃”，都快成了“香饽饽”了。

算了，看来我是拖不过去了，只能服从命令了。而且我一个普通工人的子女，去了局里两眼一抹黑，找谁去!

在大修队待着也没意义了，人家的职工花名册上都没我的名字了。于是我直接从新区回到教子沟。跟爸妈一说，没想到他们却非常高兴，多好的事啊，赶紧去报到吧!

先是到黄白茨矿人事科。科长告诉我，学校已经放假了，等过完年开学再去报道吧。正好矿上要开党代会，你先过去帮忙。

到会议上帮了一阵子忙，会开完了，学校也开学了。把我给愁的。我就是这所学校出来的啊。一矿小学(也称黄白茨矿小学)，从校长到老师，我全都认识，以前在人家的教鞭底下念书，老师长老师短，高不可攀啊!现在跑去和人家平起平坐。十八九岁个黄毛丫头，脸皮又薄，就觉得前面等着自己的，全是蔑视、嘲讽、排斥的目光。

那阵子，唯一的心理支撑就是，反正也不是我愿意的，是领导命令的，咱一个普通工人，得服从命令不是!

报道那天，我把自己包裹了个严实。头巾口罩，只露出两个眼睛，典型的鸵鸟心理。到了学校门口，探头探脑，看到校园里一个人影也没有，正上课呢，心里一喜，快步直奔校长办公室。校长正跟一个女老师吵架。我也不敢说话，听他们吵了一会儿，大概知道为什么了。女老师爱人、孩子都在呼市，想调过去团聚；校长因为学校太缺老师了，不想放人。女老师不买这个账，发了脾气，把一本课本往校长桌子上一摔，我辞职，你爱找谁找谁去。说完摔门走了。校长盯着那门，愣了半晌，这才苦笑着对我摇了摇头。

虽然我包裹的严实，但是校长显然已经认出我了。好像是灵机一动，拿起那本女老师扔下的课本，塞在我手里说，就是你了。

我看了看手里的课本，那是一本五年级的数学课本。我当时也是苦笑，都不问问我当没当过老师？都不问问我擅长的是语文还是数学？这一瞬间我才真正理解了当时乌达地区教育系统教师队伍严重缺员的困境。

这个就是我最初走上三尺讲台的黄白茨矿第一小学，现在都快拆得啥也没有了。但是它在我的脑海里，仍然是我第一次去报到的模样

校长给我解释，没办法，实在是拉不开栓，你先带着试试吧。然后告诉我，我接手的这个“挑子”是五年级三个班的数学课，而且是毕业班(那时候小学实行五年制）。

校长看见我半天没动身，就朝着另一排办公室那边指了指，说，看见没，就是那间办公室，办公桌什么的都是现成的，我也不带你过去了，你都认识。

去了那间办公室进门一看，可不都认识吗！几乎都给我带过课，有好几个还当过我的班主任。我低着头，窘迫得正不知道该说些什么，这时一位男老师严肃地问，你谁呀，你找谁？其他几个老师也跟着起哄，就是啊，大口罩戴那么严实，也不说话，也不打招呼，架子好大啊！

我正感到难堪呢，忽然屋子里爆发出一阵哄堂大笑。原来大家是在跟我开玩笑，因为他们都认识我，也知道我今天会来报到。率先“发难”的那个男老师接着说，好了，该上课了，我带你去班里。

这就是我第一天到学校报道的经过。

一天都没培训，一次话都没谈，一点准备的时间都没给，上来就给我安排了三个班，还是毕业班，纯粹是“赶鸭子上架”啊，现在说起来，恐怕都没人相信吧。

虽然是大形势所迫，但是我的压力还是非常非常地巨大。不过那时候“读书无用论”正大行其道。好多孩子来学校都是混日子，根本没心思念书，家长们也不怎么看重孩子的学习成绩。我的那些原先的老师现在的同事们宽慰我说，尽力而为就行了，你也不要压力那么大，慢慢就摸着门道了。

那天来到班里，虽然面对的是一群孩子，可我还是紧张得不行，腿抖，嘴唇哆嗦，脑子一片空白。孩子们也不把我当回事，走的走、站的站、玩的玩，闹的闹，还有调皮的学生，在白纸上挖了两个眼睛窟窿，挖了一个嘴窟窿，用唾沫把那个“面具”粘在脑门上，然后直勾勾地盯着我看。

我想，不管了，先上课再说。

我也没自我介绍，也没讲什么开场白，直接就说，上课。然后转身在黑板上写例题，开始讲解。

没想到，从这一课开始，我就再也没离开这三尺讲台，直到退休。这一课，成了我教师生涯的序幕，成了奠定我这一辈子生活色彩的第一笔。

上了几天课，我就发现，孩子们的水平，普遍都要比教程落后，有的甚至落后一两个年级，五年级的学生，连三四年级的课都不懂。我在黑板上列除法竖式，好几个同学就问，老师，你写个“厂”字干啥？都快小学毕业了，有些学生连九九乘法口诀都背不下来。

果然“读书无用论”流毒甚深啊！可我现在是老师。面对这样的一群孩子，顶着老师这个名头，我怎么也没办法让自己心安理得地就这么混下去。虽然我没有什么野心，从来没想过要争个先进，弄个一官半职啥的，但是这并不代表我没有责任心。最起码得对得起自己这份工作吧，或者再说得直白一点，最起码得对得起自己领的那份工资吧！我觉得，那个年代，我这样的人显然更多。

好吧，既然没得选，那就好好干吧！

其实孩子们也并不是那样的冥顽不灵。除了个别年龄大一些的想法有些复杂之外，大多数学生只要你肯认真地教，他们也愿意认真地学。

好好干，可不是一句话那么简单。当过老师的都知道，这一句话，需要多少心血和汗水来作为支撑。更何况孩子们已经耽误了那么多的课程；更何况“读书无用论”还正甚嚣尘上；更何况，我本身连初中都没好好念完……

可是没办法，责任二字压着我，我只能拼了。正常的课不能耽误；落下的课，一点一点地往回补；自己的水平不够，想方设法地提升；针对不同学生的情况，采取不同的辅导方法，这些都是要投入时间与精力的。我一个从来没有拿过教鞭的女娃娃，不难想象面对的压力有多大。好在年轻，少睡会儿觉，少逛几次街，少看几场电影全有了。为了提升自己，办法我也是想尽了，业余挤时间进修师范课程，获得了师范毕业证；争取一切机会参加各种学习交流，但凡市里、局里以及各个学校之间有教学研究、经验交流、互相听课、互评等活动，我都积极报名参加。那年母亲病重，我却抽不出时间去陪护、侍奉她。现在想起来心里还隐隐的疼痛不已。说起来我的那些老师同事们也给了我不少帮助，平时，只要我有疑难，肯定会有人来给我解答。有时候一个，有时候两三个，有时候一屋子的老师都会围着我，七嘴八舌地探讨着最佳的方案。

功夫不负有心人。那一年，我带的那三个班，成绩蹭蹭地往上升。毕业考试，绝大多数的同学成绩及格。我也荣幸的被评为优秀教师。虽然那时候实行的是小学毕业全员升初中，没法儿用具体数据来衡量我的工作成绩，但是一个“优秀教师”的称号也能说明点啥吧。

其实对于那份荣誉，我并不怎么在意，没把孩子们耽误了就是我最大的宽慰。

矿务局还在发展，职工越来越多，学校还在膨胀，那一年招生，黄白茨矿小学竟然招了 14 个班的新生。眼看着一个学校是容纳不下了。于是黄白茨煤矿又成立了第二小学，简称黄二小。原先的学校称黄一小。1976 年，黄二小建成后，我被调去新学校，依然是带毕业班。那时候校园都还没有平整好，就开始招生、上课了。全校师生一边上课，一边义务劳动平整校园。教室后面有座小山，紧挨着窗子，老师带着学生连刨带挖，大筐抬，小筐担，用了一个多月的时间，硬是把小山挖得退回去

1981 年，我被评为黄白茨煤矿“新长征突击手”。照片是表彰大会后的全体合影

十多米。

不仅仅如此。学校还经常组织青年教师去矿上参加义务劳动，支援放高产，下井和矿工们一样，啥活都干，就连抡大锹往煤溜子上攉煤这样的重活我都干过。还经常去矿上各个单位去帮助打扫卫生。每次义务劳动，我都没落后过。没办法，那时候我是学校的团支部委员，大小是个“干部”啊，得带头。

调到二小，离家远了，每天基本上都是两头摸黑。但是我的工作一点也没耽误。我还是那么个干法，还是时不时地拿个奖状，受个表彰啥的。我最露脸的一次，是 1981 年，我被授予了黄白茨煤矿“新长征突击手”的光荣称号。大会表彰、聚餐，还集体合影。都是年轻人啊，风华正茂，意气风发，挥斥方遒……我的心里也小小地激动了一下。

再后来，我在乌达矿区的几所小学之间辗转调动，一步步见证着乌达地区的教育事业不断地发展。特别是教师队伍兵强马壮，大学、研究生毕业，科班出身的老师占据了大多数。看着现在这么好形势，再想一想当年我加入教师队伍的情形，更加为今天的大好形势而感到高兴。

（本文图片摄影、提供 许培龙 李兰凤）

机修厂，承载了你多少记忆

◎杨明德

和几位将奔古稀之年的老朋友，闲话往事，闲话乌达几十年的变迁变化及发展，每每感慨万千。

这日，和矿务局机修厂老尹师傅闲话当年，我说：“三十年前，我为我的小企业的机械维修业务，曾多次光顾矿务局机修厂。那时候你们机修厂太牛了，工厂牛，工人牛，连看大门的都非常神气。进出厂门有一套很严的规章制度。我厂有两吨重的造纸橡胶托辊需上车床维修，别的小厂干不了，去宁夏青铜峡又太远。乌达地区只有你们厂有这个能力。每次进你们矿务局机修厂，就觉得大开眼界，心想，还是人家这国营大厂牛气，看看那高大的厂房，窗明几净，机器轰鸣，人来人往，秩序井然；车间师傅身穿背带裤，手臂套着深蓝色袖套，工作帽工作服整洁，胸前别着小钢板尺，手里拿着卡尺，个个都像身怀绝技的生产能手。

“我来修理托辊，人家只让我在厂部办完手续，就由专人把托辊推入车间，外人是不能进你们车间的。那时候我真想到你们车间看看。”

“唉，今非昔比了，机修厂昨日辉煌已不再，如今我每次路过机修厂，都感觉心里在滴血，都不想再回头多看一眼。四十多年，我把青春和聪明才智都留在那里，回首往事，那里有太多的故事值得人留恋，三天我也讲不完啊！”尹师傅感慨地说。

我说：“我正想写篇散文来叙一叙我对机修厂的认识呢！等哪天你领我去厂里转转？”尹师傅爽快地答应了。

入秋，庚子年的雨水比往年要多得多，几场秋雨，压住和洗刷掉往日尘埃与煤灰，大地、树木、万物接受了大自然的洗礼，显得很洁净。

夜雨初收，我和尹师傅驾车行驶在前往梁家沟的苏三公路上（苏三公路即连接苏海图和三道坎的公路）。当年车水马龙的苏三公路已不见往日繁忙，映入眼帘的是坑洼不平的一汪汪浅水，无车无人通行，几乎成了一条弃路。偶有一辆柴油三轮车经过，绕着爬行，不时溅起水花和污泥。

汽车上下颠簸、左右扭摆着，下大坡上大坡，进入梁家沟街区路口。映入眼帘的是到处残垣颓壁，几处临街的门面房孑然独立路边，在诉说着这里曾经的繁华。

来到苏三路与梁家沟大街交接的地方，尹师傅让停下车。二人下车，西望昔日繁华的梁家沟大街，空无一人，显得空旷遥远。路东侧是我们这次探访的目的地——乌达矿务局机修厂的旧址。尹师傅指着机修厂的南围墙，感慨万千，追忆当年:“我是 1970 年参加工作的，那年我 16 岁，当时初中毕业能分配到机修厂上班，是我一生最大的荣幸，有多少人羡慕嫉妒啊！看，刚上班我就住在那里。”尹师傅指着不远处一片摇摇欲坠的平房，显然已经被废弃多时。“那里是当时的单身宿舍，三人一间十几平方米的房间，住着当时亦工亦农从河套地区招来的新工人和转业军人及我们学校毕业分配的学生。平房再往东是梁家沟火车站，经常有木料及建材等机修厂所需的物资在这里卸下火车，厂区高音喇叭一吆喝，单身职工们随时不计报酬地参加义务劳动。那时的人思想单纯。”

驱车来到机修厂大门口，尹师傅指着路西大片平房说:“这大半条街的平房都是机修厂的职工家属区。”看着这片拥挤的家属房，残垣断壁，窄窄的小巷，两人对面通过必得侧身而行。尹师傅讲起了机修厂的发展史:“当年，随着包兰铁路建成通车，也就是 1958 年 3 月，乌达成立煤矿筹备处，1959 年 3 月成立乌达矿务局，新中国的煤炭事业突飞猛进，万人上山，轰轰烈烈。个个煤矿先后上马了许多先进的机械设备，为配合煤矿的生产，机修厂应运而生。在同年 12 月机修厂开建，它的前身是天津第五通用机械厂整体搬迁而来，好多工人师傅和技术员都是随厂迁来乌达的。迁来后与原矿务局机电安装工程处和机电修配厂合并组建而成。初期称矿务局机修厂，到 1987 年更名矿务局总机厂。”

乌达矿务局机修厂的大门，图中人物是我采访的尹师傅，机修厂后来改名叫乌达矿务局总机厂。现在叫“精诚机械制造有限公司”，是一家私企

面对机修厂大门，原来的大门模样还在，只是物是人非，曾经辉煌的大企业现已沦落，被私人小厂所占用。敲开大门，一位和善的长者，个子不高，微微发福，应该是厂子的门卫。笑问来意，尹师傅说明原委，老者让我们登记进入。

进入厂区，左侧是一排排高大的车间厂房，右侧是厂部大楼，三层楼的厂部大楼已空无一人。三十年前场景，如今历历在目，那时已经改革开放，机修厂才对外承接业务，但我每次来修托辊，手续还十分繁杂，只能在办公区稍作停留，车间和生产区是不能涉足的。如今面对空无一人的车间及厂区，静静的，那高大的车间与车间之间，除了破了边的水泥甬道光秃秃外，车间大门紧闭，门窗的玻璃残破不全，一些废旧的钢材及机器零部件散落在一人高的萋萋荒草之中，偶有合抱粗的几株槐树，遒劲苍老，枝叶微黄，受夜雨淋润，舒展着叶片。

我俩漫步在厂区，来到原来锅炉房前的空地上，尹师傅指着锅炉房后的建筑说：“那是当时的职工食堂。”只见门窗紧闭，我仿佛看见饭点时，

办公楼空空荡荡

人们拿着碗筷，行色匆匆奔走在拥挤的食堂门前。尹师傅指着离食堂稍远的一块堆放杂物的空地，打开话匣子。

“当年机修厂初建，只有一排车间，车床、铣床、刨床都是从天津运来的，都是英产机械。那时没电，这些机床都是靠马和毛驴拉动伞形传动装置，在空中把动力传送到各车间带动各种机械工作。都是靠皮带完成机械传动。只是后来有了列车发电，又建起了电厂，才逐步淘汰了这种古老的传动方式。我当年进厂时，这些马和毛驴还存在，偶尔电力不足或停电，它们还发挥一下作用。”他接着说，“随着煤矿的发展壮大，机修厂也在不停的扩建改建，你看看这偌大厂区里排排车间，都是后来逐年建起来的。20 世纪到了七八十年代，机修厂已发展成有五六百职工的国营大厂。除了大型井下液压机靠进口或西北煤机总厂生产外，机修厂已能配套生产煤矿里所需的铆杆、镏槽、皮带输送机头的传动系统，甚至连枪械都能制造，“文革”时期还制过毛主席像章。那时候的机修厂何等辉煌。”

穿过排排车间来到厂区北部，老尹师傅指着稍远的一溜车间说“你看那高大的厂房，那是 1995 年，机修厂筹资建成的内蒙古‘天一’无缝钢管厂，它填补了国家西北地区这项空白，年生产8000吨呢。”尹师傅又指着靠正北方一溜车间说：“这一长溜是当年的铸造车间，能铸造各种减速机外壳、矿车轮子、矿车碰头等等，那时候，我们厂已经能铸造各种工艺复杂的铸钢铸铁铸件，并且工艺先进。”

我们来到靠西北方向的一溜高大的车间旁，尹师傅说这里是厂里机加工精加工所在地，车、铣、铆、钻样样机具齐全，靠车间墙外有几排、上百棵合抱的毛白杨树，树干上的树枝全部枯死，树皮剥落，裸露出里面乳黄色的木头，被夜雨冲刷后显得很干净。我能想象到当时20世纪六七十年代的开拓者，种下这清秀挺拔的白杨树，没有几十年的精心呵护，是长不成这样合抱的粗壮英姿。

漫步在这一长溜车间前，尹师傅深情地讲起年少时的记忆，“我当年进厂时还不足16岁，身薄力小，时常见一个中等个子老头儿，身瘦腿细，背有点驼，没有语言，神情木讷。他的工作是打扫车间，将车床剥落的碎铁屑装车推出车间。一次，我看他步履蹒跚地推半车铁屑过门槛时，非常吃力，于是我跑过去帮他推了一把。谁知被军代表看见，回身踢我一脚，并训斥我，说是替资本家服务。等军代表走后，师傅们告诉我，这个资本家叫黄其祥，咱厂的老家底都是他家的，他是公司合营后随天津五通厂一起来的，同来的还有叫张丙成的瘦小老头儿，共产党员，部队下来的，他是天津五通厂公私合营党代表，每天在厂里转悠。”

“我刚进厂时，太羡慕天津来的那帮师傅了。那时的车床都是英国造，使用的都是英制长度计量，什么英尺、英寸、英分。换算成米、厘米、毫米，这些师傅张嘴就来，一英寸等于25.4毫米，1毫米等于0.03937英寸，后来我下决心也把这些数据背得滚瓜烂熟。到现在也忘不了英寸和毫米换算的关系。”

我们边走边谈，走到离大门不远的一栋车间，尹师傅又指着车间房顶说：“20世纪70年代中期，国际形势紧张，上面的号召是‘随时准备打仗’。我是年富力强的民兵，当时民兵发枪，就在这车间顶上，我们架上机枪，二十四小时值班，现在想起来好像有点小题大做。后来听说这民兵与四人帮有牵连呢。国家大事，咱们小工人也搞不清楚了。”

“改革开放以后，我们的国家变化发展得太快了，20 世纪末，总机厂已发展到下设八个分厂，三个直属车间，一个辅助分厂，但是，”他接着说，“日新月异的变化，也使人们的思想跟不上形势。落后的产能，落后的机械设备被淘汰，先进的采掘方式，大型机械代替了过去传统的采煤方法，机修厂也逐渐没落了。”

他叹一口气，说：“唉，没办法，优胜劣汰是社会发展的法则，谁也逃脱不了。”

出了厂大门，我们双双回眸机修厂的路，机修厂高大的厂房车间，那厂部办公楼，那长满荒草的边边角角，再见了，昔日曾经辉煌的总机厂！

上了汽车，我建议我们再看一看梁家沟大街，于是，沿空旷的大街一脚油门，三里长街便走到了尽头。

回眸之时，让人瞬间产生怪异的感觉。街依旧，路依旧，房依旧，路灯依旧。

曾经的学校还在。

曾经的俱乐部还在。

曾经的百货商店、副食商店、粮油商店、土产商店、国营食堂以及后来的私人诊所、小超市、小面馆……全都静静地守在那里，但是，没有人，没有车，没有声音，安静冷清得让人无法适应。

梁家沟大街，曾经喧嚣的生活河流，现在静止了。

（本文图片摄影 杨明德）

乌达，我可爱的家乡

乌达往事

五化村越变越漂亮

◎许培龙

搬了一次家，挨了八年骂。1986年，我是硬着头皮把家搬到五化村的。

当时，站得高一些望五化村，近处是大大小小的沙丘，远处是高高低低的沙堆，单调连贯的黄沙滩里猫着五六栋灰不溜丢的砖房。孤寂荒凉之余，显露生机的只有沙包上星星点点的沙棘丛和东侧乌达矿务局水电厂供水系统“北一加压站”院内长势葳蕤的杨柳林。

搬到这里住，虽然遂了老婆和我就近上班的心愿，但却让我们饱尝了居住环境恶劣之苦。恰如我老婆数落我所言：“真是跟上鬼啦，咋就想起来搬到这么个鬼地方来，倒是省钱，连个卖酱油醋的都没有。出门能让风沙灌死，睡觉能让沙子活埋了。”老婆所言虽然夸张了点，但也不无根据。有时大风过后，铲除被大风卷在院里厚厚的沙土，才能打开院门。当初，我老婆强烈反对我们从梁家沟搬过来，但没有强硬过我搬家的主意。朋友的话尖酸而刻薄：“出馊主意往这儿搬家的人不是个二百五，也一准是脑瓜子有病。”虽然遭到数落、挖苦，但是，很快就让一种全新的感受冲淡了。第二天清晨，红日从黄河东面甘德尔山巅露出了笑脸，天地生辉的美景加上在自家院子里就能看日出的喜悦，让我心中顿觉敞亮无比，种种不悦也就此被冲刷得荡然无存了。

当时，乌达地区没有五化村这个地名。没过几年，建井处、铁路、教子沟矿等单位在这几栋老房子的西、南方向依次盖了许多栋平房，人们便车水马龙、呼啦啦地搬了过来。随后，五化村这个地名也忽忽悠悠地浮了出来。在西北方向近处有个居民区叫四化村，尽管无人明白四化之外那一化该是什么，但五化村这个地名仍是很快约定俗成地被人们和社会接受并沿用了。通勤车、公交车挡风玻璃上和站点牌子上豁然入目的“新区—五化村”标示最能表明这一点。

在乌达矿务局黄白茨矿斜井1990年投产前后，此地建起了10栋四五层高的商品住宅楼。首次分配黄白茨矿的四栋住宅楼，总面积达到8500平方米，有160户家属搬进住宅大楼。房产部门在分房时的原则是优先考虑劳动模范、大龄青年、结婚青年和几代同堂的住户。坚持分房民主，提高透明度，实行三榜定案，给分房开了个好头。

随后，黄白茨矿牵头修了一条通往四化村的灰渣简易路。自此，五化村这块乌达区梁家沟办事处的辖区居民猛增到两千多人。种植户、养殖户、个体小商店、小餐馆如雨后春笋纷纷冒出来并扩展着规模。由于乌达矿务局供水系统能够保证用水，许多住户房前屋后栽种的树木越来越多、越长越旺。2020年夏天，据有心人粗略统计，多少年来，五化村居民种植的杨柳槐榆及沙枣、椿树有1100多亩，有些种植年头久的树木其树干竟然有一搂粗细。植树造林面积越大，黄沙的地盘就越来越少得可怜，加上空气好、地片宽展、安静、一年四季能打上鲜牛奶，五化村竟然成了不少人青睐的居住地。由此，我老婆对我持续了八年的数落声也销声匿迹了。就连曾经竭力反对我搬来的几位朋友，也主动掏出钱来到此买楼房、盖平房，甘当二百五，家家户户参加竞赛式地流放了过来。

家住五化村，给我的享受首数纯自然的鸟语花香。

邻居屋后有一大片树，杨、柳、榆、椿、沙枣、白蜡树……寒来暑往30多个春秋过去。其中有二十多棵槐树长得特别高大。树大不但招风，而且招鸟。“树大招鸟”是我和邻居心中的盼念。当屋后的树木成林后，每当树林变绿、农田庄稼长旺时，这里就变成了鸟儿的乐园。长尾巴的花喜鹊，头顶美丽花冠的戴胜，不知疲倦的布谷鸟，形体酷似鸽子的斑鸠，蹦蹦跳跳的小麻雀，轻灵敏捷的小燕子和啄木鸟，虎布浪（当是一种鸟名）、杜鹃、山红雀等飞禽不负我望，陆续飞拢过来了，而且越聚越多。一些不知名的美丽的大小飞禽，在丽日晴空下，随时都可能成为任何人家的不速之客。它们飞临树梢、屋脊、墙头，甚至院子里，或毫无顾忌地抖羽亮翅，或旁若无人地大展歌喉尽情演唱，我惊奇这些小精灵们总是那么兴奋、精神头十足。夏天的夜晚开着窗户睡觉，清晨往往是被鸟儿的鸣叫声所唤醒。

这儿变成了鸟儿的乐园，也成了亲友、邻里孩子们的乐园，他们都喜欢把住望远镜在嬉笑声中将那些鸟儿看个够。在我看来，鸟儿们无论飞旋或是蹦跳同样养眼；在我听来，它们无论是早晨鸣或者傍晚啼都统统悦耳，它们比笼子里养的鸟儿来的自然，那份洒脱让人感到舒心、羡慕。我希望更多的鸟儿经常光顾这片树林，在这里歇一歇，扯开嗓子唱唱歌；我更奢望它们在这里安个家、住下来。

一个春季，终于等来了建窝的鸟儿。那是一对花喜鹊，虽比平常见到的喜鹊瘦小，但出落得很美丽。它俩扇动着黑白相间的翅膀围着一棵最高大的槐树飞来绕去，好像在从事实地考察。偶尔双双落在刚刚生出萌芽的树梢上，长长的尾巴翘呀翘，喳喳地对叫，很亲热，俨然一对小夫妻。不到一星期，它们建的爱巢就竣工了。

这片树林，也有过其他的鸟儿选枝头搭窝建巢，不过不是没成气候，就是规模上不了档次。

第二年天气很暖了，有一天，突然发现鹊巢上端树冠上比以前热闹了许多，啊，多出来两只非常可爱的小喜鹊。小喜鹊活泼可爱，爱飞爱叫，长得很快。不久，小喜鹊也开始在另一棵槐树上搭窝了。不过工程进度要快得多，因为有它们的父母在帮助、指导。

薪火相传，弦歌得续。到如今，邻居屋后的大树上已经有6窝喜鹊安了家，这让我们感到自豪，因为农村老人们说，房前屋后住燕子、歇喜鹊是这家的福分。

房前屋后树木枝头的繁花给了人们另一番礼遇。

4月到来，榆钱在榆树叶尚嫩时长成，于是，有的人家的厨房里就飘出了蒸榆钱、油炒榆钱的特殊香味。

进入5月，槐树花先于沙枣花开放。在刺槐树枝头嫩叶萌发之际，槐花就迫不及待、争先恐后地开放了。渐渐地，洁白的槐花挂满枝条，远望酷似美丽别致的树挂，赏心悦目至极。槐花飘散出的那种典雅的香味，比高级化妆品的味道来得正宗。刺槐也称洋槐，槐花别名槐蕊，味道清新甘甜，富含维生素和多种矿物质。若论吃，纯天然的槐花比榆钱的吃法要多，能像蒸土豆丸子一样，蒸熟了蘸汤或炒了吃，也能够用来包饺子、炒鸡蛋。

据中医大夫介绍，槐花同时也是一味良药。具有凉血润肺、清肝泻火，治疗失音、痈疽疮疡的功效。邻居说，他的痔疮就是在大夫的指导下用槐花治愈的。

沙枣花是在槐花极盛时节的5月中旬悄然开放的。先有为数不多的沙枣花从银绿色的叶间探出头来，像是腼腆的小小探路者在张望这陌生的世界。不几天，大量的沙枣花如同接到探路者“平安无事”的通知蜂拥而出，它们缀上枝头，金黄碎小，散乱如繁星点点，特别养眼。沙枣花香味浓郁非常，甜丝丝沁人心脾，酿出来的蜂蜜那可是香甜无比的上品。

时光在静悄悄流淌。五化村这个在经济发展大潮中落成的居民区，由人少到人多，由不毛之地变成渐现繁华，既不乏田原牧歌的风情，又初具城乡结合部的格调，犹如一名充满青春活力的美少年，骨子里辐射出俊逸，举手投足洋溢着洒脱。

近几年，五化村在棚户区改造中，有不少住户搬走了，住进了新楼，特别是平房区有大约五分之一的住户陆续搬走了。由于四化村通往五化村的路不好走，公交车也不能够正常通行。没有搬走的人们在一起议论时说：看来，咱们迟早也是个往外搬。

话音未落，五化村竟然相继出现了人们没有意料到的种种变化：在2018年的电网改造中，旧有老化的线路全部由新的供电线路所替代。无论楼房、平房都由新布的线路供电，再也不用担心因线路老化漏电、风大刮断电线的危险发生了。2019年，从永昌佳苑社区北口为起点，施工单位向五化村住宅楼铺设了一条主体宽12米的水泥路，路两旁安装了路灯。2020年10月下旬，从五化村住宅楼通往四化村的土路中间铺设了一条3米宽的水泥路（见图1、图2）。一旦这条路上正常通了公交车，就会极大地方便人们出行；在铺设水泥路的同时供热公司铺设了供暖管路，解决了长期存在的天冷了楼房里暖气不热的闹心事；也是2019年，供水公司落实了五化村的水网改造，不少居民接通新水管入户，用上了24小时都有自来水的新管道，一举结束了以前定点接水、用水缸蓄水的老做法。

图1

图2

图3

图4

整洁、宽敞、宜居便民的“五化村”

2020 年 8 月，五化村住宅楼北侧的一处公共卫生间落成（见图 4），崭新、漂亮，曾被一名外地来串亲的老人误认为是新盖的商店；也是 8 月，施工单位开始为五化村楼房区里里外外的地面实施硬化（见图 3），把一个雨天是“水泥路”，旱天刮风是“扬灰路”的地方改造成了美化、硬化到家门口的宜居的居民区。

这样，水、电、路全新配套，有些搬走的人又张罗着要搬回来。看发展趋势，随着乌达城区改造、北移东靠战略的实施，五化村一定会出落得更俊美。

（本文图片摄影 许培龙）

梁家沟大街追思

◎刘惠春

乌达有九沟一梁，以产煤著称。

辛家沟、陈家沟、梁家沟、教子沟、黄白茨沟、吉庆厚光沟、青云沟、四黄丰沟，高双喜梁，其中，最著名的就是梁家沟。

其他沟也还在，只是渐渐不大听说了，就好像不存在一样。

梁家沟这个称谓已有一百三十多年的历史了。

据《乌达区志》记载："梁家沟山沟，清光绪四年（1878 年）……梁丰强在此沟的上端开窑采煤，初称小窑沟，后以梁姓取名，逐渐衍变为今名。此沟位于今梁家沟街道办事处驻地东南部，呈东西向。"

梁丰强是清朝的武举人，他开沟挖煤对梁家沟包括整个乌达小城都意义深远。

据说，当年梁举人闲来无事，一日，信步走到梁家沟南侧的山顶上，放眼四望，荒野漠漠，人烟寥落，无尽的煤层在漠野下面沉睡。

梁举人的目光久久地停留在沟北面一片凸起的开阔地上。那里地势平坦、西高东低，长有 1500 多米，南北最宽处 500 多米。

梁举人注视良久，沉吟着向随行人说：经年累月穿行于该地之上，竟未想到势如大船，实属聚居兴业首选之地。

后来，聚居兴业成了梁举人的一枕黄粱，他在选中的这块地方只留下了"以梁姓取名"的一条沟而已。

但梁家沟还真成了后世聚居兴业之地。

梁家沟的地理位置很重要，南面直达三道坎火车站，向北通往乌达最远的煤矿——苏海图矿。乌达最早的运煤专线铁路在梁家沟设了四股道的调车站场，修了南北两个“立交桥”，设了一个站点。上面走火车，下面可通行人和车辆。煤车有时会加挂一两节小客车，梁家沟的人们可以坐着火车去往新区、三道坎火车站。没有客车，就要沿着铁路线步行10多公里路才能走到火车站。

三道坎火车站和苏海图煤矿之间还有一条铺着砂石的简易土路，称之苏三公路。公交车，拉着料石、煤、土、木头的解放牌汽车，自行车，行人，晃晃荡荡地经过梁家沟、陈家沟、教子沟、巴音赛沟、乌尔特沟，一路向南，或者一路向北而去。这些沟都是季节性泄洪大沟，夏秋季节，大沟常被洪水冲断，人们就只好从公交车上下来，站在沟边看大水，像看一场热闹。

梁家沟的人们在公路的两侧盖起一排排整齐的房子，路边店铺纷纷而起，人潮涌动，一派兴旺气象。

这就是梁家沟大街，乌达矿区最老的一条街。

站在梁举人当年举目四望的南梁顶上远眺，矿山像巨兽，向外喷发着惊天动地的喘息。势如大船的梁家沟大街一览无余，缭绕的煤烟，不断从山野间冒出，又被风吹到大街上。这片逼仄的居住之地，像小小的手掌，紧紧握着，被日光灼烧，被风沙侵蚀。房子磨损，人们老去。

很多年里，梁家沟大街就像一条生活的河流，记忆着种种细节和来源。

大街两边有粮站、卫生所、电影院、邮电局、肉食门市部、国营食堂、百货商店、土产、副食门市部等。

这些商铺的后面就是一排一排的职工家属房，小且简陋。建房的砖瓦、木料、白灰都是从千里之外的包头等地运来，红砖砌外墙，土坯砌内墙，每一间只有15平方米左右。因为这种房子盖起来很快，数日里便会建起一栋，人们就把这些突击建造的家属房叫“跃进房”。孩子不断地出生，这样小的房子明显不够用了，于是每一户房屋的前后、旁侧又建起了凉房。前后排之间的过道立刻变得拥堵起来，一个人走在中间，伸直胳膊就过不去了。

道边的树，总也长不大，叶子稀稀拉拉地挂在枝子上，枝干黑秃秃的，像戳在那儿的一排木杆子。盛夏的时候，凉荫都没有一片。这些树，也和人们一样，渴望着一场大雨，冲洗掉那些油腻的煤灰和沙土。

大街上有很多餐馆，光清真饭馆就有六七家，有忠义美食城、馨香园餐厅等，规模最大的春园餐厅，同时可以摆二十多桌酒席。当然，人们去的最多的是河套饭庄，那里的刀削面分量非常足，一碗面，一个人都吃不了。

街上都是人。矿区没有什么娱乐，街道就是人们交流、娱乐的地方，无事闲逛的人比引车卖浆者还多，反正有的是时间。随便走走，就会碰上熟人朋友，阳光灿烂，人们在太阳底下走着，笑着，说着话，打着招呼。

大街不长，一会儿就逛完了，再吃一碗酿皮，这街才算是逛好了。

酿皮铺简单，扎几根杆子，扯几米白布，围起来就可以卖酿皮了。桌子上摆着各种佐料，花椒油、蒜汁、辣椒油、芝麻油、葱花、芫荽……桌子周围一圈凳子，围坐的女人们，被辣得直吸气，还要继续放辣椒。风吹过来，整条街立刻笼罩在黑烟和煤面子的味道中，煤灰和尘土落进了碗里，没人会去抱怨。生活在这样的地方，习惯煤灰，就像习惯一种命运。

冬天的黄昏来得早，五点不到，天就有点黑了，但又没有全黑，路灯昏暗，一切显得影影绰绰。风带着煤灰落下来，所有的人都急急忙忙地往家赶，风在后面追着，不抬头，不呼吸，口腔里已经满是沙尘的味道了。

路边的店铺门都紧紧地关着，透过窗户的缝隙，能看得见里面明亮的灯光，也许是街上太黑的缘故，这点光让人感觉分外暖和。有的店门口摆着冻柿子，结着一层薄薄的霜，冻得像块铁。

大街最红火的地方要属俱乐部。放电影时，或者外地来了戏班子，教子沟、苏海图、新区，甚至三道坎的人们都会赶到梁家沟来看戏。俱乐部从来没有寂寞的时候，没有演出，人们就在大门口的水泥平台上打牌、下棋、聊天，天热时乘凉，天冷时晒太阳。

曾几何时，梁家沟大街开始一日一日衰败，再后来，那些人、那些热闹都成了记忆。

终于有一天，梁家沟大街变得空空荡荡。

没有人，没有车，阳光照过，安静的柏油路泛着刺目的亮。肮脏的尘土，在地上卷起来，又落下去，像一个无聊的孩子，逗自己玩。

因为空旷，一眼可以望尽整条街，临街的房子全是被遗弃的商店和被打破窗户的其他营业房。依稀还能看得见旧日的招牌，制衣、照相、药店、理发、台球、电焊、打字复印、家电摩托……

没有人住的房子，屋顶塌陷，电线在空中吊下来，像干瘪的蛇。碎裂的玻璃岌岌可危地挂在生锈的窗棂上面，真担心一阵风来，它会啪啦一声落在地上。家家户户的窗口都是敞开着的，比人还高的荒草长满了院子，几乎要伸进窗口。有的人家已是一片破砖烂瓦，上面一棵植物惶惶地站着，枝干上孤零零地开着一朵花，像是风中残烛。

靠路边的一户人家门口，居然坐着一个老人，慢慢地在编扫帚，头也不抬，全神贯注，好像整个世界都在那把扫帚上。在这样安静到死亡的街道上，看到这样一个安静的老人，一瞬间，让人觉得一切如此恐怖，如此荒诞。

俱乐部还在，坚硬的水泥建筑，一片空荡，室内室外都是荒草。远远望进去，仿佛还能听到里面电影的声音、唱戏的声音和人们欢笑的声音。我面对的只是一片寂静，但我不习惯这种寂静，我的头脑中还充满各种喧闹和嘈杂声。

曾经有过上万条欢腾的生命，那样生机勃勃的一条街道，就这样沉寂了下来，变得悄无声息。

我知道，在这个世界上，总会有一些事物代替另一些事物，直到一切都化为虚无。但是，当我面对这条承载了太多故事的大街时，依旧不能够相信，它就这样消失了，像是从来没有存在过。

没有人能够回到过去，因为它已经不再是过去。

从巴音赛沟到巴音赛河

◎杨明德

邂逅巴音赛沟

20世纪70年代末，我从河南老家只身来到塞外煤城乌达，从此，这里的山山水水，便一点一点地在我眼前展开，并深深地刻印在我的脑海里。

初来的那一天，下了火车，走出三道坎火车站，早有红皮公交车等候。坐上公交车行驶几公里后，便是一道深深的山水沟。汽车冲下大坡，再上坡时却熄火了。于是全车人都下去推公交车上大坡。眼前宽阔的河槽，旋风裹挟着沙粒打在人的身上脸上，感觉生疼生疼，不得不将双眼眯成小缝，否则沙粒会刮进眼睛的。上了大坡，汽车又行驶一段距离进入新区十字大街，一座高大的语录塔映入眼帘，很少行人的大街显得空旷并不高远，昏黄的天际伴着踽踽独行的行人。

第三天，我骑着破旧自行车要到三矿参加劳动，从新区大街出发一路下坡过了矿务局医院，眼前出现更大的下坡，看上去百米之遥。破自行车突然不听使唤，车闸失灵，我急中生智，快速将车拐进路边沟里，幸好路边沟底全是沙窝，安然无恙的我拍拍身上沙土推车下坡，非常庆幸我做对了，否则，如此长坡中间又有不宽的水泥桥和坡尽头的急转弯，控制不好，不知会出什么乱子呢。骑行几公里后眼前又出现一个更长的下坡及更宽的沙沟，这次我索性提前跳下来推着自行车下坡，省得到时候手忙脚乱。

这初来乍到的印象，给我留下终生难忘的记忆。

几天后，我知道了这三条给我深刻印象的沟的名字。推公共汽车的沟叫南大沟，差点让我摔跤的沟叫北大沟，我主动下来推车的沟叫梁家沟。多年之后，我又知道了它们的正式名称，南大沟叫乌尔特沟，北大沟叫巴音赛沟，梁家沟就叫梁家沟。后来我又从我的高邻，矿务局原副局长彭大爷嘴里知道，当初乌达建市之初，本来是想把市区建在黄河岸边，为的是取水方便。后来有专家建议建在南北沟之间的台地上。就是今天我们的乌达新区。专家说，这样做的目的，主要是接受了包头和兰州等城区的教训，防水患于未然。看来当时乌达建市的专家们还是有先见之明的，否则今天建设黄河水利枢纽工程，涉及库区的搬迁，不知又会增加多少难度，造成多少损失。提出此建议的专家功不可没。

巴音赛沟山洪肆虐

经过十年打拼，到了 20 世纪 80 年代末，我终于要创办自己的小企业了，那时叫乡镇企业，当年我选厂址就选在矿医院北侧的北大沟边上，为的是排水方便。在办理土地申批登记时，土地局的工作人员把此沟标注为巴音赛沟，我好奇地问及南大沟，他们告诉我那叫乌尔特沟。这就是我前面说的，知道了这几条沟名字的来由。

建厂之初，我用推土机沿沟边推出一条便道让厂区与主道连在一起，没几天，一场暴雨骤然而至，使我重新认识了巴音赛沟的另一面。北方塞外的天气，干旱少雨，可是一旦遇上暴雨，要不了二十分钟，就会有山洪顺着巴音赛沟滚滚而来，那气势令人咋舌唏嘘。有一日，我正在厂区，暴雨骤停，却突然听到轰隆隆的轰鸣声，我来到沟边，只见巴音赛沟里山洪浩浩荡荡地倾泻下来，气势骇人。洪水裹挟着沙石和垃圾，混泥浊水充塞满河槽，奔突冲着顺沟东下，漫过小桥，那气势用万马奔腾有点过，用势如破竹较贴切。所过之处，一片狼藉，厂里新推的便道一扫而光。我突然认识到山洪的威力。

接下来的几年里，我一有闲暇，喜欢独自一人散步，于是我顺沟逆行而上探秘山洪的来历。巴音赛沟过了皇冠路便分叉钻入铁路桥洞，一股上逆到乌达水泥厂以上的山里，一股上逆到五虎山洗煤厂上边的山里，这里统称贺兰山余脉五虎山系。偌大的山系，稍遇暴雨，便山洪如注。再有闲暇我顺沟东下直至黄河岸边，面对巴音赛沟宽阔的冲积河滩，面对滚滚东去的黄河，面对亘古不变的甘德尔山，感叹一回，半日方返。

好在，乌达矿务局为培养坑木林，从20世纪70年代初成立了林业处，每产销吨煤提取一定资金用于植树造林，在巴音赛沟两岸整平土地，打井植树，用大水漫灌的方法造林几百亩，大多种的是榆树。这种树木质坚硬，生长周期缓慢，长到胳膊粗细便开始生虫，招天灾而自然死亡，令人惋惜。到20世纪末，我作为政协委员曾写提案要求政府给予重视，提案要求变更树种，扩大绿化面积，同时我又连续三年写提案对西山绿化工程提出建议，希望从源头上改变乌达的气候面貌，造福乌达人民。所幸我作为政协委员，多数提案都被采纳，包括对巴音赛沟治理的提案。同时，我又根据自己企业的特点，先后植树造林近百亩。回想起来，此生还是做了一点有益的事情。

巴音赛沟变身巴音赛河

时间到了21世纪之初，随着改革开放的深入，全国的建设步伐在加快，用日新月异来形容太贴切了。

2003年春，乌达区党委区政府区人大区政协开会讨论乌达城区建设实行北移东靠的大战略，建设以巴音赛沟为中心，城区南北辐射的远景规划。将巴音赛沟更名为巴音赛河，将2.1公里长的河道建设成水系及绿化的带状休闲健康主题公园，造福乌达人民。

经过十多年的努力，巴音赛河的治理大见成效。巴音赛河总面积117.6平方公里，水域面积17.6平方公里，分六大湖区。如今的巴音赛河有一条健康长廊，八个教育宣传展板，其势以西高东低依次叠落成五个瀑布，形成五个面积大小不一的湖泊。环湖有常绿乔木、落叶乔木、花灌木和地被攀援植物等绿化苗木，形成四季有景的带状生态园林，既改造了环境，美化了城市，又为市民提供了一个河畅、水清、岸绿、景

巴音赛河一景

美适合休闲娱乐、健康锻炼的好去处。昔日满目疮痍的河道如今被湖水荡漾，柳枝依依的美景所替代。垂柳下，垂钓人修身养性；步道上，健身者快步疾走。湖面红嘴鸥翻飞，苇草中鸥鹭栖息，浅滩里白鹳觅食，好一派江南水乡景致。河两岸昔日单一榆树树种早已被取代，如今松柏樟杉、杨椿桑槐、桃李山楂、杏梨枣核，还有好多叫不上名字的树种，有长得很高但枝干很少、叶子很大的树种，还有一些只开花不结果的树，两岸成了树的海洋。

如今，在已建成的1500米的河道上飞架起三座大桥，润德桥、彩虹桥和滨湖路大桥，气势恢宏，均为八车道，昔日的沟坎大坡早已被坦途取代。

在乌达区政府的远景规划中，计划对三大沟治理总投资为11亿

巴音赛河上的彩虹桥

3000万，而今完成的也不过十之二三。巴音赛河现还有600米长河道尚未开工改造，皇冠路上皇冠桥还在规划中，乌尔特沟和梁家沟还在远景规划中，相信不远的将来，三大沟三大水系完成之日，呈现在乌达人面前的将是更加美丽宜居的崭新的乌达。

（本文图片摄影：张国栋、杨明德）

乌达美食——教子沟豆腐面

◎许培龙

一天，想约一位老朋友去一处久违的老地方吃一碗他也爱吃的豆腐面，老朋友说：吃不上了，面馆搬走了。他的话勾起了我对 40 年前第一次和这位朋友吃豆腐面的回忆。

1980 年过完春节的一天，我头天晚上喝酒多了没吃饭。一早起来，头昏脑晕，虽然饿得浑身冒虚汗，可是想来想去觉得吃什么饭都没胃口。朋友说："走吧，我领你去吃碗豆腐面，开胃，保管你吃完，还想多吃。"出了家门，看到雪已停、云已散。下雪不冷化雪冷，我往紧裹了裹皮夹克。冰雪在我和朋友的脚下嘎吱嘎吱地响，我俩借着东方鱼肚白的光亮去了这家食堂。

食堂在乌达红房子（教子沟办事处驻地）去往黄白茨矿公路的北侧，和西侧的教子沟粮站连成一栋，再往西就是黄白茨矿第一小学。门楣上方"国营食堂"几个大字向人们表白着食堂的身份和行当。几扇大窗户射出黄灿灿的亮光。门口横七竖八地立着不少自行车。两扇门外的棉帘子不断地被钻出钻入的人掀起又落下，热气从上端的缝隙氤氲钻出。进了食堂，热气殷情地、效率蛮高地驱赶着身上的寒气。近处，一只大油桶改制的铁火炉中部被烧得翘起薄皮、泛出猩红光泽，燥热逼人。环望，七八盏吊顶白炽灯光下，七张大桌子挤满了吃削面的人，撩人耳膜的吸溜声此起彼伏。地上站着两溜等待端面的人。食堂收钱的伙计忽而会喊上一声："再削一碗……"

在等面上桌的空儿，我观摩了一阵子厨子削面、装碗。

宽展的灶台上两口直径近一米的大铁锅里翻滚着乳白色的面汤，锅旁各站立一位富态的女厨师。她俩不时地调整一下左前臂上托着的胖胖的长形面团，握着白铁皮削面刀的右手灵巧自如地挥动。神情专注、手法老道，唰唰唰削出“一根入汤一根飘，一根白条刚出刀”表演杂技般的效果。随着户外鼓风机的嗡嗡作响，大半锅面汤一个劲翻滚，厨子一个劲地削，待锅里有了十碗八碗才停手。将面团往身后的面案上一丢，顾不得擦额头上的汗，返身手握大笊篱在锅里搅动几下，接着往大白碗里捞面，拿大勺头从盆里舀起臊子汤浇满。道一声：好了，端！排队等候的吃家就迫不及待地挨个上前端面上桌，开吃。当新的吸溜声响起一片的时候，厨子迅速把一摞大白碗摆在灶台上，用大水舀子从锅里盛起面汤挨个倒上，然后从水缸里往锅里扻上十几下清水，揉面、上手削面……

用筷子挑开上面一层热气腾腾的油炸虎皮豆腐块和白绿相间的葱段，下面是浸在油汪汪、红润润汤汁里的削面。先吸上一口浇了老醋的热汤，酸辣香暖立马让味蕾兴奋起来；咬一口皮脆里嫩、汤汁饱满的虎皮豆腐，顿时唇齿溢香。在肉类凭票供应的岁月里，吃到这样的豆腐就如同吃肉一般解馋；挑起六七寸长筷子粗细又软又筋道的削面，立刻令人食欲大振。就着酸蔓菁条、蒜瓣，一大碗削面顷刻被吸溜到了肚里。再喝一碗热乎乎、光溜溜、甜丝丝、面香味十足的煮面热汤，这两毛四分钱一碗的豆腐面让人饭足汤饱，额头汗津津，周身暖融融。我心悦诚服地收回了来时抢白朋友的话：“一个破豆腐面有什么好吃的！”满含歉意地说：“好面呀，以前我真不知道有这么个好地方。”

吃过一次豆腐面，再也难以割舍了。此后，尽管搬了家路途远，豆腐面也在随行就市逐步提价，可是，只要有空就专门去吃上一碗。渐渐地，对教子沟的这家“国营食堂”经营方式和豆腐面的独到之处有了一些了解。食堂全天候营业，兼卖油饼。前来吃饭的主要是在黄白茨矿工作的矿工，他们无论早、中、夜上下班，都能在这家食堂吃上饭，食堂照顾到了工人的作息时间。这家的面，起初叫油炸虎皮豆腐面，后来，工人们嫌啰嗦，叫着麻烦，直接叫豆腐面了。这豆腐面，臊子里的油炸辣子、油炸豆腐有特色，很关键。食堂用的红辣子选用的是一种厚皮、香而微辣的辣子，采用陕西传统油泼辣子的做法，让辣子炸透而不焦；至于豆腐，他们用的是一家在矿区算得上老字号的黑豆卤水豆腐，用刀切作成年人巴掌大小、六分多厚的大片，下油锅炸到表面泛金黄、起脆皮，再切成六分左右的方墩子，投到刚炝制好的漂着六分长短葱段的辣子汤锅里，这臊子就成了。当然，和面、饧面、削面及火候也都有讲究、要到位。豆腐面油大、汤红、面足、豆腐香，照顾到了当地人的口胃和饭量，体现出店家的豪爽厚道。

图中这排老房子，中间圆圈标注的门脸儿，就是教子沟豆腐面的发祥地

给我留下深刻印象的还有：每张桌子上都搁有一大碗下饭酸咸菜，一个蓝边饭碗盛着油浸浸、香有余、辣适中的炸红辣子油，一瓶子老醋。有时，还往桌子上撂几头大蒜。全部免费，吃完就续。此后，我到其他面馆吃饭，就用这几项指标来衡量其是否厚道：备有新鲜的免费下饭小菜、炸辣子油多、醋壶子灌满，这家面馆做的面多也实惠；反之，做的面大都清汤寡水，吃过让人后悔。嘿，屡试不爽！如果不信，就去试试。

近两年，乌达地区的维邦超市、维邦佳苑、滨海社区、日月酒店对

图1

图2

图 1 为乌达新区日月酒店对面的“教子沟豆腐面”店。
图 2 为海勃湾乌海能源公司东侧的“教子沟豆腐面”店

面、土地局住宅楼西门、四化村等处相继出现了冠以“教子沟豆腐面”“教子沟国营食堂豆腐面”“国营食堂”等招牌的面馆。连海勃湾滨河区乌海能源公司办公大楼东侧也有了类似的豆腐面馆，黑底子招牌上标着白色的“国营面馆”大字，前面还配有蒙文，两侧特意标出了“教子沟”及“老字号”名头。这些地方的豆腐面我都去吃过了，以色味形、口感、实惠方面作比较，有的面馆还真是得到了“教子沟豆腐面”的真传。

虎皮豆腐面，从乌达矿区教子沟传出来的特色小吃，历久弥新，是咱们家乡乌达自己创出来的著名美食，不申报非物质文化遗产是不是可惜了！

（本文图片摄影：许培龙）

今昔白泥沟

◎杨明德

初识白泥沟

乌达有座中央森林公园，它的前身人称白泥沟，离我居住的小区一条马路之隔，是我常去散步的地方。走在公园的人行道上，常常想起三十多年前的一些往事。

20 世纪 80 年代初，乌达矿务局住宅楼初具规模，当时我和矿一中的音乐老师张庆是要好的朋友，往来频繁，他家住在矿一中家属院最后一栋房，与所谓白泥沟一墙之隔。那年朋友在房山头要兴土木盖一间房，我当然是主力。站在高高的房顶上，我发现围墙外不远处的沟坎里有一片绿色天地，绿色四周全是光秃秃的沟坎峁梁，那广阔的沟坎峁梁有几条白色如练的人为踏出来的小路蜿蜒着伸向远方，把住宅楼与黄河滩的国营农场和矿区连在一起。我问及这片峁梁，朋友笑答，这个地方人们都叫它白泥沟。朋友继续讲解白泥沟的来历，据说历史上这片土地并无白泥沟之说，只因为 20 世纪 50 年代末乌达因煤而兴，万人上山。这么多人涌到这么一个地方，开始挖地窝子盖土坯房子，人们发现此地除了有一窝子一窝子的红胶泥，还夹杂着一窝子一窝子的白泥团。这白泥人们挖回去加水加盐粉刷地窝子和土房内墙，效果出奇的好。于是人们纷纷来这里挖白泥。顺嘴也就叫出了白泥沟这个名字。

朋友说，瞧见那块绿地了吗？那是住宅楼的下水道流出来的污水，排在这白泥沟里，生成了一片绿色。咱们中午吃的炒菜就来自那里。顺着学校围墙看过去，不远处果然有一个人能钻进钻出的墙洞，看样子是经常有人通过这个墙洞，往来于那片绿地与校园之间。

休息时我忍不住也钻出墙洞，来到绿地一探究竟。果然，这里真是一个好所在。我站在绿地的峁梁上放眼望去，只见百米长的沟坎里到处杂草丛生，几株胳膊粗细的野生小榆树、小杨树，枝叶繁茂，绿盖如许。人们把水拦起来，用树枝别成篱笆墙，开出好几片荒地来。那里种着小葱、小菠菜、韭菜等各种蔬菜。梅豆角爬上篱笆墙，一嘟噜一嘟噜叫人喜爱。谁家的菜地里，还有几株架起来的黄瓜，瓜长盈尺，煞是可爱。看着与四周高冈峁梁的荒凉景象形成鲜明对比的这片绿色。我心里由衷地感慨人类改造自然，利用自然的信念是多么强烈。

再识白泥沟

20世纪80年代中期有一年春天，黄昏时分，张老师骑自行车进我们家院子，车未停稳便叫嚷着告诉我一则新闻，说是他家房后的白泥沟里发现了古象的化石，人们都传疯了，快看看去吧。还有这等新奇的事情?喜欢猎奇的我二话没说，就跟在张老师后面，直奔白泥沟。

自行车停在张老师家，去白泥沟还是要穿过那个墙洞。白泥沟分南沟和北沟，只见北沟周围人山人海，围着方圆百十米、深十几米的大沟看稀罕。沟边拉着警界线，人们指指点点，议论纷纷。还有不少公安人员和工作人员忙来忙去。果见沟底的平整土地上，推土机停在一边，满地散落着水桶粗细或胳膊粗细的化石。后来才知道叫古菱齿象，这种象生活在三万年至十万年前的早中更新世，重量达10吨至20吨，生活在我国的华北华南一带，适应温润潮湿气候，植被繁茂的河湖地带。

这时太阳刚落山，映出满天晚霞来，橙色的、橘红色的、酱紫色的晚霞映红了半边天，映在大地上，映在人们的脸上，映在对面的甘德尔山上。那山的纹路清晰如画。山下是不息的黄河，宽阔的河面也被晚霞映照得如火如荼。黄河两岸宽阔的河滩里片片绿色如茵。国营农场大片大片的绿地和国营砖瓦厂的大轮窑里冒出缕缕青烟，构成一幅塞外边城夕照美景入画图，我看见沟北不远处矿务局电厂高高的烟囱下，已有电灯闪亮，高远处的矿区已有灯亮起。一声火车汽笛的嘶鸣打断我欣赏这壮景美图，把我拉回到现实中来。回家的路上，我的思绪还在回味着看到古象化石的冲动，还在想象着远古的脚下是一片怎样的土地。

今日白泥沟

中央森林公园雪景和公园里的路标。看看上面的景点名称，是不是很有诗意哦

时间如白驹过隙，今日之白泥沟，早已不见昔日光秃秃的沟坎峁梁。

十年功夫，昔日白泥沟被辟为乌达中央森林公园，沟四周早已高楼林立，街正巷直，被标准化的住宅小区包围。

何为森林公园，那肯定与树有关，这里涵盖了北方及中原大地上多数树种，加上那些不知名的乔木灌木，丛丛林林，点缀其间。这里，树是公园的主人。公园里除了主体东西大道、八个大小不同的人工湖以及环湖人行步道外，其余地方全都种满了树。步行在人行小道上，道两旁柳树极多，微风徐来，柳枝依依。另外，松柏樟杉，杨榆桑槐，桃李山楂，杏梨枣核，柿枫梧桐，香椿臭椿，还有好多叫不上名字的树种。有长得很高但枝干很少，叶子很大的树，还有一些被嫁接了的只开花不结果和只长叶不开花的众多树种。

整个公园里成了树的海洋，树掩映着水，水倒映着绿树，于是乎，这公园成了树的海洋。

昔日的白泥沟的北沟和南沟成了南北两大人工湖系。北湖总称碧葭湖，又分东西二湖，湖中央曲桥通幽，桥侧睡莲朵朵，鱼戏蛙鸣。一座十米高的假山由湖北省楚地条石砌成，层层叠叠，错落有致。只是垂瀑系统尚未完善，假以时日，游人肯定能欣赏到“飞流直下三千”的壮景。再看看南湖，取名叠翠湖。它利用西高东低的地形特点，由六个大小不规则的人工湖组成，西东走向，连而非连，间而非间，由湖水串在一起，好似一串大小不一的还没有打磨细雕的硕大的绿色翡翠，湖就势而建，观之让人有异曲同工，妙不可言之感受。

叠翠湖冬景

春天，公园里姹紫嫣红，花城树海，绿意盎然。公园西南一隅的土丘上，有一片桃林和榆叶梅，盛开最旺的时候，花团锦簇，闹闹嚷嚷，让人眼花缭乱，如醉如痴。

夏天，北湖里成片的睡莲，夜合日开，令游人赏心悦目，不由得生出许多遐想。湖北侧成片的桑林，结出绿里透红的桑葚，令人忍不住酸到牙根，甜到心窝，顺手便要采摘。

秋天，北湖小广场有一片片错落花圃，秋菊绽放，团团簇簇，黄橙橙，金灿灿，令人流连忘返。西南一隅更有一片山楂林，有人摇落满地山楂，捡起来，揩净浮尘，咬一口品尝，个中味道自不可对人言说。

冬天，在冽凛的寒风中，尽管没有春秋季节风情万种的浪漫，你仍然会漫步在那里的人行步道上，祈盼着一场鹅毛大雪的到来，祈盼着那毛茸茸的雪花，轻柔地落在你的肩头，落在你的脸上，送给你一个童话般美好的世界。

我忘不掉昔日白泥沟。可我更喜欢今日变得更年轻更美丽的乌达中央森林公园。

（本文图片摄影：杨明德）

从“独一无二”到“遍地开花”

——从城区的红绿灯看乌达城市建设的辉煌成就

◎杨明德

人上了年纪，容易怀旧。最近一段日子，我时常会想起十五年前的一次政协常委会上，讨论乌达的城市建设问题。政协宋副主席感慨地说，乌达有一个“独一无二”，就是大十字街的红绿灯，在乌达是独一无二的。住宅楼虽有一处红绿灯也是聋子耳朵——摆设，没亮过几回。建议政府加快乌达城区建设步伐。近日，我突发奇想，想数一数乌达现在有多少处红绿灯，于是乎我走街串巷，实地观察统计，结果发现，乌达地区现在已有红绿灯 41 处，正规十字路口有 82 处。与十多年前的“独一无二”相比，简直可以说是“遍地开花”了。“一滴水可以见太阳”，仅从红绿灯数量“暴涨”这一点，就足以说明乌达城区建设所发生的翻天覆地、日新月异的变化。

我在乌达生活工作 40 个年头，也算老乌达人了，40 年来，我目睹和经历了乌达的城区建设的变化，特别是近十年来，更是日新月异，瞬息万变。

20 世纪 70 年代末，我从老家来乌达谋生创业，融入了乌达这座塞外小城。那时，乌达最繁华的地方是巴音赛大街和解放路东西南北交会的十字大街。街中心高大结实的语录塔与四周的新华书店、副食商店、国营食堂、手工业联社等低矮的平房形成鲜明对比，显得既气派又壮观。同时，整个格局也让人感觉到了当年乌达的建设设计者已规划出乌达的街型，东南西北，街正巷直，宽阔通达。50 米宽的街面显得空旷高远，街心的柏油路的路面虽不宽，但街路两旁高大的小叶杨树已合抱粗细，微风吹拂，树叶哗哗作响，配以街两侧的土特产商店、文化馆、肉食店、蔬菜店，邮电局、银行、派出所，这境况足以让人对这座小城的未来产生无尽的憧憬。那时候没有红绿灯，街上少有汽车通行。一切显得宁静安闲。

时间到了 1979 年。壮观的语录塔被推倒，在街中心建起一座岗亭，红黄相间的岗亭在街中心屹立了近五六年。到了 20 世纪 80 年代中期，街心的岗亭被推倒，取而代之的是一座圆形花坛。而岗亭则由一变二，分别矗立在街心西南角手工业联社门前和东北角副食商店门前。20 世纪 80 年代末，又将花坛拆除，改建成圆形交通指挥台，直至 20 世纪 90 年代初第一组红绿灯诞生。这一组红绿灯就是前面所说的乌达的“独一无二”。

这时街面上车辆已逐渐增多，以东风、解放两种大卡车为主。摩托车的数量也明显增多，但小轿车却极为罕见，偶尔有小车跑过，也多是那种绿颜色的布蓬的北京吉普，即人们常说的“212”。街心的交通指挥台，也时不时地会有交警站在上面指挥交通。

独一无二的红绿灯持续存在十多个年头。时间到了 21 世纪的 2003 年、2004 年，乌达迎来了城区改造的战略大转移。城区建设以北靠东移的大战略为目标，经过十多年的建设，一个面貌崭新的新乌达已初具规模。昔日光秃秃的白泥沟，现已成为乌达中央森林公园；昔日丑陋的巴音赛沟已更名为巴音赛河，改造成两公里长的带状健康公园长廊；两公里长的河道上飞架起 3 座大桥，成为乌达城区中心。安居工程，棚户区改造打造出一个个现代化住宅小区，人们安居乐业，幸福满满。昔日独一无二的街心红绿灯今已“遍地开花”达 41 处，繁忙的红绿灯引导着上万台车辆，安全有序地行驶在奔向幸福小康的路上，也为乌达小城的腾飞输出了一份不可或缺的正能量。

乌达的楼房乌达的桥

◎冯 宽

1978年，我考上了包头煤校，因煤校搬迁，把我们分到乌达“七·二一”职工大学代培。

10月7日，我从萨拉齐火车站坐301次慢车，深夜两点多才到海勃湾车站，播音室里传来：“列车下一站就到终点站三道坎车站了，请旅客提前做好下车准备。”我向西一望，不由暗暗惊叫：乌达的夜景真美啊！鳞次栉比的灯光忽明忽暗、错落有致。我想乌达的楼房真多啊！

高楼林立，街路宽敞的乌达城区

第二天早上，学校的一辆敞篷汽车来接我们新生，我站在敞篷汽车上怀着好奇心举目四望寻找夜里看到的高楼，只在马路西边才看到原乌达矿务局那栋唯一的一座三层办公楼。马路上下两车道窄窄的，路边连一棵树都没有，显得很荒凉。敞篷汽车行驶到现在的乌尔特沟时，深深的沟当年没有桥，沟底还有少许流水，昨夜刮了一场大风。沙子堵在上坡的路上，车无法行驶，司机让我们下车推车，我们满头大汗才把车推

彩虹桥和润德桥

上了沟。报名后的两天我们新生没事干，就到乌达街中心溜达，街中心有座高高的语录塔。我举目四处搜寻，怎么还是只看到一座楼啊。我百思不得其解：夜里那么多楼房白天怎么一下子就隐身了。我好奇地问一个路人，那人告诉我说，你晚上看到的那错落有致的灯光，是依山而建的平房。我如梦初醒。来到街中心十字大街的当年的语录塔下，才看到两条窄窄的上下两车道的十字柏油路。其余的路都是沙石小道。

1978 年改革开放以来，乌达区市容市貌一年一个样，三年一小变，五年一大变。1982 年，原乌达矿务局开始建楼板结构式最高四层的简易住宅楼。进入 20 世纪 90 年代中后期，乌达开始兴建商品楼，后来接着沉陷区改造、旧城区改造和黄河枢纽工程居民搬迁。乌达的楼房像雨后春笋般成群结队、争先恐后拔地而起。建筑样式也由多少年来的火柴盒式四平八稳的筒子楼，跨越到造型各异，新颖别致的建筑。外表涂料粉刷也是标新立异、五彩缤纷，使人眼花缭乱。由三十年前最高五层步梯住宅楼，现已建成二十多层的高层电梯楼，三十多前红砖筒子楼，现在看来真好像一个个衣衫褴褛的旧时村姑，而现在的高层电梯楼像一群群雍容华贵的贵夫人。若问现在乌达的楼房有多少座，我真是数不清自然也道不明了。可我只知道四十年前乌达矿务局那座当年显赫一时的办公楼，现如只能是乌达楼中的小老弟了。

四十年前乌达只有一座黄河铁路桥，其余公路上都没有桥，因没有桥曾发生过多少重大事故，就我所知道的，三十年前因乌尔特沟上没有桥，我同学的爱人开车过乌尔特沟，因发洪水造成车毁人亡的不幸事件，三十年前铁路西火车和公路平交口一领导搬家发生火车和汽车相撞，造成车损人亡的恶性事故。现乌达有沟坎的公路都有桥，再没有发生恶性事故。铁路桥公路桥纵横交错。桥也造型别致，乌达中心医院解放北路路段的“润德桥”上下六车道两边还有行人道，桥栏上雕栏玉砌古色古香。景观河上的彩虹桥，远远望去好似彩虹降临。现在乌达的楼房美又多，那座座高楼，是把改革的成果高高大大写在空中；那路上的座座桥梁，将改革的成果深深牢牢地铸在大地上。

（本文图片摄影：高　峰，许培龙）

乌达巴音赛地名小考

◎佚 名

巴音赛街道办事处：因境东南部有巴音赛一地而得名。“巴音赛”意为富饶美好的地方。原称乌达镇城市人民公社，建于1960年。1961年7月，更名为乌达市巴音赛城市人民公社。1981年1月，乌海市人民政府命为今名。位于乌达区东部，为该区人民政府驻地。东临黄河，西邻五虎山街道办事处，南接三道坎街道办事处，北连梁家沟、桥西街道办事处。面积约19平方公里，设八个居民委员会。境内驻乌达矿务局、内蒙古第三煤矿工程处、乌达电厂等单位，建有中小学和医院。交通便利，商业网点较多。该办事处是乌达区的政治、经济和文化中心。驻巴音赛东街北侧。

第一居民委员会：1961年建立。因按序数排列，故名。位于巴音赛街道办事处驻地西部。东至解放北路，西临乌达矿务局铁路专运线，南起巴音赛西街，北达巴音赛沟。面积约1平方公里。境内驻内蒙古煤矿第三工程处、乌达矿务局、乌达矿务局医院、乌达区物资局、乌达粮库、乌达区搬运公司等单位。

第二居民委员会：1961年建立。因按序数排列，故名。位于巴音赛街道办事处驻地西南部。东至解放路，西至乌达矿务局铁路专运线，南至乌尔特沟，北至巴音赛西街。面积约1平方公里。境内设乌达矿务局俱乐部、广播站和小学。

第三居民委员会：1961年建立。因按序数排列，故名。为巴音赛街道办事处驻地。东至乌达区邮电局，西至解放北路，南至巴音赛东街，北至山水沟。面积约1平方公里。境内驻乌达区人民政府、乌达区粮食分局和邮电局以及气象站，设乌达区第二完小和乌达电影院等文化教育单位，乌达公园也坐落本委。

第四居民委员会：1961 年时属原新区公社第三居民委员会，1971 年从中析出，更为今名。因按序数排列，故名。位于巴音赛街道办事处驻地南部。东至公园南路，南至乌尔特沟桥，西至解放南路，北至巴音赛东街。面积约为 1 平方公里。境内驻乌达区公安分局、乌达区中学、乌达区第一完小，设百货、五金等商店。

第五居民委员会：1961 年划为第三居民委员会，1967 年从第三居民委员会划出，定为第五居民委员会。因按序数排列，故名。位于巴音赛街道办事处驻地南部。东至乌达冷库，南至炼焦厂，西至公园南路，北至巴音赛东街。面积约为 1 平方公里。乌达冷库、乌达区医院、乌达消防中队位于本居委会。

第六居民委员会：1978 年由乌海市人民政府命名。因按序数排列，故名。位于巴音赛街道办事处驻地东南约 2 公里处的乌达电厂。面积约为 2 平方公里。乌达电厂、乌达矿务局造林队位于本委。

第七居民委员会：1961 年成立，时名第四居民委员会，1973 年划为第七居民委员会。因按序数排列，故名。位于巴音赛街道办事处驻地东 2.5 公里处。东临黄河，西靠乌达冷库，南至包兰铁路，北接乌达蔬菜农场。面积约 2 平方公里。坐落黄河大桥和乌达食品加工厂。

第八居民委员会：原称第一居民委员会，成立于 1961 年。1978 年划为第十居民委员会，1981 年划为第八居民委员会。因按序数排列，故名。位于巴音赛街道办事处驻地北部。东靠乌达副食品加工厂，西至乌达矿区铁路，南依山水沟，北接乌达矿务局第六中学。面积约 3 平方公里。乌达矿务局氧气厂、乌达矿务局第一中学坐落本委。

巴音赛东街：原名乌达大街，1961 年由原乌达市人民政府命名。1984 年 11 月，乌海市人民政府将原乌达大街的东段命为今名。位于巴音赛街道办事处驻地南部。东起乌达冷库，西至十字街口。街道两侧驻乌达区人民政府、乌达区人民武装部、乌达区公安分局；设有医院、电影院、百货和五金商店。为乌达区主要街道之一。

巴音赛西街：原名乌达大街，1961年由原乌达市人民政府命名。1984年11月，乌海市人民政府将原乌达大街的西段命为今名。位于巴音赛街道办事处驻地西南部。东起十字街口，西至乌达矿务局铁路专用线。街道两侧坐落乌达供电所、乌达矿务局和内蒙古煤矿第三工程处。为乌达区主要街道之一。

幸福街：1984年11月由乌海市人民政府命名。位于巴音赛街道办事处驻地南部。东起乌达区医院，西至乌达区武警中队。街道南侧坐落乌达区第一完小和乌达兽医站。

胜利东街：1984年由乌海市人民政府命名。位于巴音赛街道办事处驻地西北部。东起乌达矿务局展览馆，西至乌达区粮库。

先锋东街：原称先锋街。1961年由原乌达市人民政府命名。1984年11月，乌海市人民政府将该街东段命为今名。位于巴音赛街道办事处驻地南部。东起乌达区人民公园东侧，西至该区邮电分局。街南侧坐落乌达区招待所，街北侧驻巴音赛街道办事处和气象站。

先锋西街：原称先锋街。1961年由原乌达市人民政府命名。1984年11月，乌海市人民政府将该街西段命为今名。位于巴音赛街道办事处驻地西部。东起乌达街派出所，西至乌达区物资供应站。乌达农贸市场设在该街。

建设路：原称和平街，1961年由原乌达市人民政府命名。1984年11月，乌海市人民政府命为今名。位于巴音赛街道办事处驻地西部。南起内蒙古煤矿第三工程处，北至山水沟。路侧设有乌达区粮库。

沟北路：1984年由乌海市人政府命名。因该路沿山水沟（地名）之北侧通过，故名。位于巴音赛街道办事处驻地西部。东起山水沟公路小桥，西至乌达矿务局氧气厂。路侧坐落乌达矿务局第一中学和乌达区副食品加工厂。为乌达区主要道路之一。

解放南路：1984年11月由乌海市人民政府命名。位于巴音赛街道办事处驻地南部。南起乌尔图桥，北至十字街口。路东侧驻乌达区人民法院。为乌达区主要道路之一。

解放北路：1984年11月由乌海市人民政府命名。位于巴音赛街道办事处驻地西部。南起十字街口，北至山水沟公路小桥。路两侧驻乌达区邮电局及粮食分局，坐落乌达区文化馆和防疫站。为乌达区主要道路之一。

公园南路：1984年由乌海市人民政府命名。因位居乌达区人民公园南侧，故名。位于巴音赛街道办事处驻地东南部。南起乌海市燃料公司车队，北至乌达公共汽车站。路侧坐落乌达区建筑工程公司。

公园北路：1984年由乌海市人民政府命名。因居公园南路北端，故名。位于巴音赛街道办事处驻地东南部。南起巴音赛东街，北至乌达区税务局。路两侧为居民区。

沟北梁：1984年11月由乌海市人民政府命名。因地处山水沟（地名）北沿，故名。位于巴音赛街道办事处驻地西北部。东起乌达矿务局第一中学，西至乌达矿务局氧气厂。境内设有工厂、学校等六个单位，余为居民区。

（本文为郝志军推荐）

我们的幸福生活

“南大沟”改造变形记

◎佚 名

乌达区巴音赛街道办事处团结社区有一片平房区，过去这里有一条干河槽，人们通常称它为“南大沟”，河槽两边涉及的平房区居民有412户人家。过去，居民在河槽两侧私自圈占空地，乱盖乱建，乱堆乱放，既妨碍观瞻，又影响居民的正常生活。而且，居民通行的道路都是土路，地面坑坑洼洼，尘土飞扬，人们形容说，“晴天一身土，雨天两脚泥”。沟槽旁还有许多经营煨炭生意和废品收购的小商贩，大车频繁出入，成

为了改变南大沟周边居民居住环境，政府下大力气对这里进行改造

巷道里弄也要
让它彻底改变面貌

改造后的居民区小胡同干净整洁

堆的垃圾不仅影响雨季排洪和环境卫生，也直接影响居民们的正常出行和生活，所以一提到南大沟河槽，人们的第一印象多半是脏乱差。

办事处、社区为进一步加大“双城联创”力度，联合乌达区城市管理综合执法局对道路两侧居民挨家挨户动员，主动清理门前的杂物，社区对南大沟河槽及平房区进行整体规划改造。河槽两侧的土路全部用混凝土硬化，修建了长 600 米、宽 3 米的两条人行便道，并且与硬化后的巷道连通在一起。河槽流水处清除了成堆的炉灰渣，铺设了低于路面约 10 厘米、宽 13 米的沙砾，经过改造后的河槽雨水能顺利进入金三角排洪系统，直接排入黄河。2021 年社区组织辖区党员、居民和志愿者在沟槽两侧补种了 380 株树苗，这里的环境更美了。在这附近居住了 30 年的居民杨俊峰说，改造后水也接通了，路也修好了，还修了水厕，出门穿着拖鞋也不脏了。

在平房区巷道硬化改造中，社区结合平房区实际，开展整治清理攻坚，将金三角河槽、南大沟河槽及平房巷道区域进行彻底改造硬化，硬化面积达到 11 万平方米，主要巷道使用混凝土浇筑铺设，居民门前巷道用灰色面包砖铺设，实现了硬化路面直达居民家门口，让居民出门两脚不沾土，解决了平房区居民出行难、生活环境差的问题。社区还为巷道安装了限高架、路桩、路灯等设施，既方便了居民出行又保障了安全，还新修建了水冲公厕，设置了公益宣传栏。

休闲小广场上，居民其乐融融

团结南路二街坊位于平房区的北边，原来这里居住着 33 户土窑洞的居民。2018 年年底，他们全部实现了整体搬迁，搬迁后空出的空地被规划成了一个 5000 平方米的休闲小广场。广场以绿地、健身设施为主，为周围居民提供了一个休闲娱乐的场所。居民王淑琴说，这里被改造成小广场之后，人们有了休闲、锻炼的场地，住在这里感觉很舒服。

优美的环境，幸福的生活

平房区的生活是许多人的儿时记忆，虽然时光流转，这记忆可能模糊，但随着老旧平房区域的改造，它也正在变得更清澈更明亮。道路平坦，环境整洁，生活方便，安定和睦，这就是巴音赛街道办事处南大沟平房区的改造“变形记”。

（本文推荐及图片提供：高　峰）

昨天和今天

◎许培龙

乡关万里一日还

《水浒传》里的梁山好汉戴宗，人称“神行太保”。据书上表述，他在腿脚上绑了甲马施展神行法，能够“日行千里，夜行八百”，令人惊叹不已。就是当代陆路交通工具不发达的时期，在陆地上行动能达到这个速度也算很了不起。

1986 年，我从乌达乘坐 44 次特快列车去北京，不到 1200 公里的路程，走了 23 个多小时才到达，基本上是一个小时走 50 公里路途，那可是当时的特快列车呀!

许多年前我有一次出门，说出来所耗的时间，有的年轻朋友可能会不相信：200 多公里的路程，整整耗掉 28 个小时才到了目的地。

那是 1976 年一个夏天的上午，我接到一份电报，知悉我的一位长辈去世了。他家住巴彦淖尔盟杭锦后旗三道桥公社，我应当赶早去参加吊唁。当天下午，登上了乌达梁家沟去三道坎的红皮公交车，在土路上经过一个多小时的颠簸到了三道坎火车站。住进就近的一家国营招待所。那时候，在三道坎站（现在的乌海西站）停靠的列车少，我下午赶到三道坎住招待所，一是怕第二天一早去梁家沟送站的公共汽车来与不来是“小公鸡打鸣——没个准”；二是怕虽然公共汽车来了，可是人太多，挤不上去，误了乘坐早上去临河的火车。

我乘坐的列车早上 8 点多开车，是一列名副其实的慢车，不论大站小站，见站就停下来喘息一阵子。每当人们看到蒸汽机车头烟囱急匆匆地冒浓浓的黑烟时，就知道列车要起步了。那时包兰线还没修建复线。列车有时一停下就是几十分钟，据说是等着会车，给快车和重要的火车让道。从乌达三道坎站到临河站，不到 200 公里的路程，正常运行时间是 4 个多小时。那天列车偏偏又晚点，伴着一路的咣当声，下午 2 点多才到了临河站。

那个年份，从临河到杭锦后旗陕坝镇的每天一趟的长途汽车已经开走了，第二天早上才有长途车。我费尽口舌搭上了一位当地老乡开的拖拉机。走的是翻浆后没有得到整修的红胶泥公路，到处是大坑大洼。拖拉机在震耳的突突声中奔跑，半车斗男女老少被颠簸的如同袋鼠在表演跳跃。有几个人受不了这份“礼遇”，翻肠倒肚地干呕。30 多公里走了近 3 个小时，人们被折腾的灰头土脸。这一路，让我理解了什么叫“坎坷”。

到了陕坝，当天去三道桥的公交车没有了。怎么办？步颠吧！我那次出门穿了一双新皮鞋真是一种错误的选项，十几公里的路程走下来，用了 3 个多小时。到了三道桥，我大姑流着泪水给我挑破了双脚磨出的水泡，我疼得龇牙咧嘴。

时隔 40 多年，我们主要赖以出行的陆路交通从道路到车辆发生了翻天覆地的变化：铁道由短轨变成了长轨，列车轱辘碾压钢轨的咣当声被柔和的沙沙声所取代；单线变成了复线，列车用不着站下来等着会车了；先是内燃机车取代了蒸汽机车，后来电力机车又取代了内燃机车；列车不断提速，给人们出行节省了好多时间。加之可以通过网上订票，购票极大地便捷了。在乌达，多趟列车在乌海西站（以前的三道坎车站）停靠，而且有数趟从乌海西站始发的列车，不愁买不到有座的车票。普通快车从乌海西站到临河站运行一个半小时就到了。高速公路四通八达、平平展展，去往临河地区的长途大巴车，上、下午有好多趟。临河通往三道桥的公路也早已修成了柏油坦途，私营的、国营的长途汽车 10 分钟左右一趟。只用一个白天，从乌达到三道桥走个往返松松闲闲。就是说，现在不但从乌达去杭后三道桥容易，就是到更远的地方也便利多了。

读报纸看新闻，知道乌海要通高铁了，多好呀。据说，从乌海去首都北京 4 个多小时就到了。2018 年 4 月，我在南方坐了一回高铁，平均时速超过了 310 公里。真快真爽！由此看来，远在万里之外的游子，乘坐高铁一日返乡都成了现实。

想想这些变化和发展进步，能让人心潮澎湃、笑逐颜开。

三次买车

1962 年我刚上小学的时候，见到人们满街哧溜、哧溜骑自行车，便十分神往自己也能哧溜一番。这个愿望在我上初中快毕业时终于实现了。邻家张大哥买了辆新车。一天中午，他把一辆旧的永久自行车推到我面前说："你的个子不小了，学学吧！"我端详着这辆只剩车架、车把和两只车轮"秃公鸡"般的旧永久自行车，真是喜出望外。

从此，我一有空闲就骑着这辆老爷车漫滩地溜——掏腿半圈蹬、上大梁、蹬整圈……两个月过后，张大哥冲我伸大拇指：进步蛮快的嘛！此后，我偏腿一上车，就玩命式地猛蹬。张大哥见了直皱眉头："慢点骑，没后闸，当心栽了！"

初一过了有十五。终于，有一天我骑自行车"玄"了一回，虽然有惊无险，但张大哥想想后果再不敢把"秃公鸡"借给我了。于是，我做梦都盼望家中能买辆自行车，最好是永久牌。

买永久自行车，谈何容易！记得有这样一件事：1975 年快入冬的时候，乌达矿务局的一名副局长，骑着永久加重自行车从新区赶到东方红矿（1980 年改称黄白茨矿）参加调度会。工人们围着那辆崭新的车子说：看看，还是人家局长圪蛋有能耐，这车，啧啧，一般人谁能买得到！言语里透漏出羡慕和调侃。

好梦成真。1975 年冬天我买了第一辆车。

我买的是一辆人们心目中的名牌车——永久加重自行车。耀眼的车把、瓦圈，油墨铮亮的车梁、架子，带着胶针、散发着十足橡胶味的外胎……在我眼里，它赛如神话世界里洒脱、英俊的宝马良驹。

这辆车把亲戚、朋友、同事们羡慕得够呛。那时，在人们的印象中，有本事的人才能买到这样的自行车。

我没有什么本事，只是碰上了一次好运气：年底了，单位给职工搞福利，抓蛋蛋领票，凭票买紧俏物品，人人有份。职工们抓到了有着不同内容的纸蛋蛋，如一块上海表、一台牡丹牌缝纫机、两瓶茅台酒、一块布料，或是一条牡丹烟、几听罐头、五斤白糖等等。人们认为我运气超好，因为全矿2800多名职工，我是4个抓到了名牌自行车的幸运者之一。

我当时每个月的工资不到50元钱，为了推回这辆车，自己工作了几年的积蓄是不够的，向邻居借了90元钱。我揣着钱和自行车票到了百货商店，花了170多块钱，顺顺溜溜、喜气洋洋地把自行车推回家；整个下午，左邻右舍前来看车的大人小孩你出我进，让我家连大门都关不上。

接下来保护、保养自行车成了重要任务。缠车梁是人们的普遍做法：先缠一层白布带，再裹一层黄蜡布或其他塑料带；有些人家还要绣把套；绣座套……不一而足，远比后来保护大几千块钱买回来的摩托车上心。有趣的是，有一户人家专门做了一个架子，把自行车用塑料布罩起来，长久地架在了上房。直到他儿子结婚，才把那辆自行车解放了出来。

称心如意的永久自行车进门，让我多了一个亲密伙伴。上下班路上节省了力气和时间。每每在单位劳累一天，骑上自行车回家，身心都感觉特别轻松愉快。

它曾经陪我在一星期时间里到300多里地外的临河市跑过来回；它出过大力，身不晃、膀不摇地一次驮过200多斤大米；它栉风沐雨，随我访亲探友，碾过了无数道沟沟坎坎，立下了汗马功劳。后来，虽然有些部位的镀铬层磨出了铜赤，车大梁掉了些漆，换过辐丝和轮胎，可它依然硬朗，显得成熟，稳健。

曾几何时，我对“永久”的深情厚爱受到了一些冲击。首先是彩车，它艳丽妖娆的外观令人眼花缭乱，但使用起来却使我感到，自行车花哨漂亮是次要的，好骑、耐用才是主要的。随后，“山地”系列赛车异军突起。经比较，“这一族”在功能方面有些发展。骑上它换了挡上坡的确省力，闯沙滩的性能似乎也强些。山地车的牌子也越来越摩登：施美特、卜壳、泰格、斯普瑞克……变速更加邪乎：五变、十八变……朋友劝我买一辆“山地”，我也曾跃跃欲试，但是被牌子真伪难辨、质量优劣难知绊住了手脚。

那辆永久自行车一直伴随了我二十多年时间，可谓是劳苦功高。

后来，我买了第二辆车，是一辆摩托车，自行车逐步退役。

2015年我买了第三辆车——众泰小轿车。在有钱人来看，这辆车便宜，连同购置费、上保险等一共花了不到9万。

买小轿车，这是我以前连想都不敢想的事情，依稀做过这样的梦，现在梦想成真了，能不高兴吗？40年前，攒上几年钱，买一辆自行车还需要借一半的钱，现在靠自家的积蓄和借三四万元钱就能搞定，对于我一个靠工薪吃饭的百姓，又一次受到了亲戚朋友的羡慕。

自家有一辆小轿车确实好：我儿子上下班也不怕路远和天寒地冻了；逢年过节走亲访友也不为等车、挤车犯愁了；闲暇时到周边旅游也便利多了。

三次买车，让我感慨良多。

大连襟来乌达

大连襟第一次来乌达登我的门，发生的事情让我很没面子。四十多年过去了，当年的情景恍若眼前。

大连襟姓徐，比我大11岁。他性格爽朗，一米七的个头，身体健壮。他家在巴盟临河乌兰图克乡下住。

1975年进了小雪节令，大连襟杀了一头150多公斤重的肥猪。他到乌达来给我送肉。那时户家没有电话，和外地的亲友沟通主要靠书信，有急事就发个电报。他到了乌达梁家沟找不到我家，去派出所打听我的住处。派出所联系了居委会，日落时分，居民主任把他领到了我家。大连襟给我带来了10多公斤腰条肉和一副洗好的羊下水。那腰条肉鲜灵灵、肥瘦相间，看着让人垂涎。

那时我一家三口住一间15平方米的砖房，院子没有家大。他看了以后直撇嘴：巴掌大的房子，鞋底大的院，憋屈不！你也当了四五年的工人了，就混了这么个光景！我以苦笑回答。

我的邻居对他说：矿区住房普遍就这个条件，还有的一家三代六口人挤这么大一个家。我大连襟看了她一眼说：原以为你们城市人有多么风光了，论住房和我们乡下差远了。

大连襟的到来很突然，我连烟酒都没有备下。天已傍晚，国营烟酒副食商店都关了门，就是有钱、有供应票也没处去买了。更为糟糕的是：月底了，每月每人供应的三两素油、一斤肉也吃光了。

俗话说“穷怕亲戚富怕贼”。亲戚上门，就是家里没有吃的也得想办法往上端。我转了三家邻居，借到了一盒太阳烟、半瓶散白酒、二两素油。我老婆赶忙把炉火整旺，烧好了砖茶倒上。炒了一盘土豆丝，一盘醋熘白，上了一盘咸菜，最上档次的当属一盘葱花炒鸡蛋。连襟没有嫌寒酸。我二人“咸菜一盘，喝起来没完”。半瓶子酒哪能够喝！一会儿工夫就咕嘟完了，怎么办？划拳喝醋！不到半夜时分，二人把多半瓶醋也喝了个瓶底朝天。胃口从来没有接受过如此特殊的“鸡尾酒”，两个人第二天难受的死去活来也没地方去诉苦。

大连襟回临河时，非要让我随着去他家取上三四千块钱，回来盖上一处房子住。我知道，当时有这么多钱在乌达矿区盖一处大砖房也是绰绰有余的。可是，大连襟在农村面朝黄土背朝天，攒那么多钱太不容易了。他的诚心实意感动得我差点掉泪。我编瞎话说：单位给分房呀。实际上，我是没底气向大连襟借钱：当时我月工资不到50元，老婆没有工作，借这么多钱，得哪年哪月才能还得上呀。大连襟有年迈的父母和四个正在上学的子女，他家近年内该用钱的地方有很多。如果因为我盖房把他的钱压住长时间还不上，会误他的大事。

近期，大连襟又来过我家一趟。接他的手机通话时，列车已经快到乌海西站了。我儿子开车去把他接到了楼房。他里看外看、左看右看，问我：不错，这个住宅小区挺上档次。买这么大的楼房花了不少钱吧？我回道：棚户区改造分的楼房，自己也就是掏个十万出头。他羡慕道：在临河街上一般的地段，买这么一处楼房需要拿出五六十万才能到手。这处楼房买好了，今天要好好地给你庆贺一回乔迁之喜。

我从冰箱里翻腾出来东西整了八道菜。有大连襟爱吃的黄焖牛腩、糖醋排骨、酥骨带鱼、炒肚丝。

上坐后，我拆开几盒好烟放到桌上，给倒上了碧螺春茶水，然后把好酒给大连襟、三连襟各倒了一杯。他看了看桌上的两杯酒满面狐疑地问：你的酒！？当听到我说忌酒了，当即怒气冲冲地喊道：我一个七十多岁的老汉了，几百里地跑到乌达，就是为了和你喝这口尿水子来了。你不喝，爷走呀！他把那杯酒抓起来，咣地一下掼碎到瓷砖地板上，呼地站起身，黑着脸往身上套羽绒服。见他真动了肝火，我忙央告：好，我的大姐夫，你是爷，我喝，行不！你稳稳地坐下，我喝。大连襟闻言，眉头舒展，露出了笑容。那天，连襟三人都喝大了。

书包的演变

我告别书包已经有四十多年了，但是书包留在我脑海里那牢固的影子，有时会如同幻灯片一幕幕地播放出来。

1962 年，我在乌达地区梁家沟上了小学。那时候街上没有卖书包的商店。而矿区绝大多数人家也拿不出可以当作书包用的提兜、挎包之类的东西。每年每人凭票供应的三尺棉布，家长断然舍不得用来给学生娃缝制书包。为了让学生装书本，有的人家就利用破旧衣服裁剪一番，改成一个能够背或是能提的书包。

在我的记忆中，我家没有可利用的破旧衣物，我母亲就别出心裁地给我缝制了一个书包。制作这个书包特别费工夫，我母亲先将颜色各异的碎布头剪成大小适宜的方形或是三角形，一块块地拼起来，缝合成一块足够用的布料，再经过裁剪加工，最后缀上两个手提的带子，一个五颜六色的不太大的书包就大功告成了。和现在的书包相比较，这个书包实际上就是一个简陋不过的单层手提布袋。

那时候小学的课本主要是语文和算术，书包里需要装的书本和文具少，风大一点就能吹得飘起来。我的那个书包一直伴随我上完小学四年级才退役。当时，同班的男生用的书包都是单色的，唯有我用的书包是花色，显得“出类拔萃”。不但同学们取笑我一个男生用个花书包，连个别老师也说我的书包像是用出家人的百衲衣裁制的。因为这个书包，在交往方面，我几乎被同学们边缘化了，和我说话的男同学越来越少。我说什么也不用这个书包了，我母亲只好找了个旧的布面袋子洗净染成蓝色，裁下来一块改造成了一个比较体面的书包。

20 世纪 60 年代末期，在街面上能买到书包了，花色品种也在逐步翻新。当时，学生流行用军挎装书本。草绿色军挎的正面印一个红五角星，五角星下面印着“毛体”的“为人民服务”五个红字。学生上学以能够背上正宗的军挎为酷，同时会感觉有了与众不同的荣耀。为了不落伍，我从一位亲戚那里淘换了一个洗得泛白的旧军挎背上，引来了同学们羡慕的目光。由于喜欢，及至于我上下学形影不离。

现在学生用的书包让我产生了强烈的感叹。

改革开放以来市场逐步繁荣。“市场引导企业”。书包产销厂商迎合消费者的需求，不歇气、想方设法地让书包更新换代。学生们用上了海绵垫肩斜挎包、韩版双肩包、真皮卡拉羊双肩包、莱夫双肩包，防水包、帆布包……由于学生需要携带的书本、文具越来越多且繁

这种款式，当年可是非常时髦的

杂，偌大的书包有时被撑得满满当当。有的学生为了省力气，用上了拉杆包。看到拖着鼓鼓囊囊拉杆包的学生行色匆匆、风风火火地行进在光坦的路上，就感到他们颇有旅行家外出远足的范儿。

现在走进一些箱包市场举目四望，琳琅满目，单是大大小小、五颜六色的书包就足够让人目不暇接，有的书包堪称为精美绝伦的工艺品了。书包分出许多档次，价位从几十元到大几百元甚至更高，有的价格能够直接颠覆人们传统的消费观。

我们即将迎来中国共产党建党 100 周年的大喜日子，在一个世纪的光辉岁月中，中国共产党带领人民大众艰苦奋斗、奋发图强、不懈攀登，使我国各行各业取得了举世瞩目的成就。

一滴水中见太阳。书包之事看上去虽小，却折射出了人民群众日益增长的精神和物质需求普遍得到了极大丰富和提高这一事实。但是，一次捐赠书包的场景让我想到，我国的老少边穷地区生活质量仍然有待改善。2018 年的秋季，朋友一行驱车到了甘肃会宁、静宁等地的贫困山区搞慈善义举，临行时在乌海一个批发点采购了三四十个价格为 30 元左右的书包。到了静宁，当地的孩子们捧着我们捐赠的书包惊喜异常，村主任对我们说：这些娃娃们没有背过这么好的书包。

我祝福每一名学生都能用上称心如意的书包，我祝愿莘莘学子能将书包中课本和电子教材的内容掌握牢固，变成造福社会的知识和智慧，在实现人生美好的梦想中大展身手，获取理想的成就。

课本的比较

学生离不开课本。几十年过去了，我时时注意着中小学课本的变化。同我上小学、中学时的课本相比较下，感受深刻。

20 世纪 60 年代初期我在乌达地区梁家沟小学读书。一年级到六年级，学校开设的课程比较少，学生手里的课本主要是一本语文，一本算术。其他课程就是任课老师照他手里仅有的一本宝贵的教材讲解。在上诸如体育、图画、音乐等课程时，老师以示范和讲解为主，实在需要学生记下来，就抄到黑板上，让学生抄到本子上加深印象，便于日后复习。

语文和算术都是 32 开的小课本，只有质地稍厚点的纸质封面是彩印的，课本内其他内容都是黑白的。随着年级升高，课本逐渐增厚一些。小学阶段没有涉及 x 、y 字母的数学题。那时，在下午放学前，班里的学习委员将同学的课堂作业收起统一交给老师，老师带回家批改了，第二天一早再由学习委员分别发到同学手里。寒暑假期留的作业不多，学生如果勤快些，有两个星期就完成了，我没有体验过课业负担重的滋味。学生上学、放学背的书包里面东西少，没有沉重的感觉。

课本珍贵。为了保护课本，勤快一些的学生在家长的帮助下，用装过水泥的牛皮纸袋给课本包书皮。这种牛皮纸韧性好，比较结实，耐磨，对纸质不太好的课本起到了不错的保护作用。

20 世纪 60 年代末 70 年代初，我在乌达矿务局第二中学上初中和高中时，开设的课程不到 10 门，语文、数学、工业基础知识和农业基础知识有课本，俄语、政治、历史、音乐、体育等课程都没有课本，主要靠手抄。记得教我们俄语的费老师看到我们抄写太费劲，学习效果差，他就在钢板上铺好蜡纸，刻好了教材用油印机一张张地推出来，装订好分发给我们，解决没有课本的问题。在开设的所有课程中，课本中的内容都比较单一，不像现在的内容那么丰富、充实、覆盖面广泛。老师为了让学生学习到更多的知识，就打开自己的知识宝库，将他们渊博的知识尽量讲给我们，既拓展了课本上的内容，又弥补了学生需要的精神食粮。

从 20 世纪 70 年代末期开始，“闹革命”之后复课，学生使用的课本开始发生变化，而且随着时间的推移和改革开放进程的加大，变化越来越大。突出体现在了逐步增设课程和课本的增多上。及至后来，小学阶段的课程除了语、数、音、体、美，增设了英语、思品、科学、书法和信息技术课程。数学里出现了有 x、 y 字母的算式。

初中的课本在小学的基础上增设了政治、历史、地理、物理、生物、化学。高中阶段没有分文理科时和初中阶段的课程差不多，只是内容含量更大更深，更丰富厚重，包罗的涉及面越来越广泛了。课本的开本亦越来越大，由 32 开变成了 16 开，而且图文并茂，铜版纸彩印，塑封书皮，越来越精美、漂亮。

课本超全，特别精致，每门课除了有相应的必修课本，还有学生想不到的无微不至、配套齐全的《状元手写笔记》《公式定律及要点透析》等等补充、辅导、参考教材。就拿地理一门课程来说，另配有《旅游地理》《区域地理》《考前顶层设计·地理》等。必修课本加上学生用的辅助教科书、作业本、练习册……花色多、数量大，学生背的书包虽然越来越大，但仍可以饱食终日、大腹便便。

开展多媒体教学以来，电化教学，电子课本的普及和提高，使教学的形象化、立体化手段大为提升，方便了老师教学和学生的接受、理解及记忆。

闲暇时翻看了现在的几本初高中的历史、政治和地理课本，我发现，几门课程的内容相互紧密、科学地衔接着，其内容你中有我，我中有你，巧妙地穿插在一起，能够触类旁通、互为补充。这大概是课程改革的成效吧。

总的来说，这是我们当时上中学时所不曾具有的，那时的课本内容比较单一。我真羡慕现在的学生有这么棒的课本，有这么好的学习环境和条件。

（本文图片摄影：许培龙）

如厕趣谈

——一个老乌达人谈厕所的变迁

◎郝逸云

谈厕所，是一个让人稍稍感到尴尬的话题。可是人生谁能不上厕所呢，谁又可能不偶尔谈一谈厕所呢？而且有时候虽然尴尬，却又会勾起许多有趣的往事，让人忍俊不禁。

我之所以堂而皇之地以厕所为题，郑重其事地构思这篇文字，是因为前些日子，看到一份官方发布的信息（发布者为乌达区委办公室，发布时间为 2020 年 8 月），其中有一条信息说“乌达区聚焦‘厕所革命’，助力‘创城创卫’”。还公布了一些乌达区新建公共水厕，以及为此而投入资金的数据。

好一个“厕所革命”！把厕所问题上升到如此高度来对待，不得不说，政府也好，有关机构也好，是真的抓住了“创城创卫”工作的关键。一直以来，人们都有一个常识，看一个城市的文明程度，看一个单位的管理水平，直接去厕所卫生间看一看，就大致可以得出结论了。看整个社会的文明发展程度，也莫不如是。大概没有人会否认这一点吧。

乌达区政协副主席高峰知道我对此产生了兴趣，想写点东西，特意给我发来了一组照片。看着照片上那些造型新颖，色彩亮丽，颇有些艺术韵味的新建水厕，一幕幕过往的画面逐渐呈现在我的眼前。

我的父亲是铁路工人，1962 年，随父亲的工作调动，我家从二连浩特迁来乌达梁家沟。当然是住平房，而且是简陋的平房，大小解的事，自然也是要依赖于公共厕所，很简陋的那种。

父亲工作的梁家沟火车站，也算是乌达矿区各大煤矿原煤外运的一

分布在乌达地区各个角落的新建水厕，造型新颖。色彩亮丽，刷新了我们以往对“厕所”一词的理解和认知，所以现在都称呼为“卫生间”，名副其实

个枢纽，因而这一片居住的人口密度还是很大的。按人口比例来说，当时厕所的数量应该远远不够，但实际上，那些厕所却并不算“繁忙”，至少我家西侧不远的那个厕所，对于那一片居民来说，蹲位算得上是绰绰有余。这是一个奇怪的现象。回想起来，应该与当时人们的习惯有关。

“文革”中曾发生过一件事，某矿工因为一次小解而被批斗关押。因为他小解的地方不是厕所，而是一栋有人居住的房拐角。而那里的墙上，正贴着一张伟大领袖的画像。如此大不敬，一顶现行反革命的帽子，毫无疑义妥妥地按在了他的头上。

虽然是一场闹剧，但折射出当时人们的文明卫生观念。这位兄台选择的小解之处，当然不会是通衢大道，更不会是人来人往的闹市，但也绝非偏僻无人的背静旮旯。谁会把伟大领袖画像贴在一个“尿各涝涝”，那岂不是更加的大不敬？而且他的“罪行”那么轻易被发现，也说明那个地方还是常有人来往的。说来说去，还是他太过于随便了。

其实在那个年代，在乌达这个几乎还处在荒蛮状态的因煤而兴的边塞小城，这位兄台的“随便”，还是很普遍的。尤其是男人，和小孩子，晚上更甚 。白天的时候，脸皮薄的还能稍稍克制一下。到了晚上，就再也没什么顾忌了，胆小的最多左右看看，只要没有年轻女性在附近，就可以

我家西侧的老厕所。以前的厕所大都是这个模样，甚至还有比这个更简陋的

放心大胆地畅快解决。选择的地点，多半是房山头的墙角下。或者再多走几步的垃圾堆上。但就是不愿迈进厕所一步。

我前面说过，我家西侧就有一个公共厕所。但是那个厕所实在有着许多让人无法克服的尴尬。由于疏于清扫，满目是各种污物，污水横流，且遍布“地雷”。白天里，气味和视觉的双层刺激已经很让人不堪了。而到了夜里，更是让人想想都发愁。因为没有灯，贸然进去，说不定会中什么“招儿”。有时候大人都会鼓励自己的孩子：“随便找个地方吧！”

后来那个厕所翻盖了一次，情况有所改善，但还是没有安灯。那时我年龄也稍大了一些，上厕所的自觉性逐渐加强。一天晚上，我去厕所小解，不敢太过深入，进门就对准第一个蹲位，打算速战速决。没承想刚尿出一点，就听到蹲位上发出惊叫声：嗨！嗨！干球甚了！（方言：干什么的意思）

原来蹲位上有人。

我落荒而逃。

那人也没有追出来，看来是个宽宏大量的人。

那一年，全国上下学雷锋。父亲的一位同事，也是我家的邻居，是转业军人，共产党员，跨过鸭绿江的，觉悟很高。有一天找到我，说，走，王叔带你去做一件事，学雷锋的好人好事。就把我领到了我们房子西头的那个厕所跟前。不知道什么时候，他已经准备好了一些旧砖头和一堆黄土，还有扫帚、铁锹、水桶、瓦刀等工具。然后他告诉我要做的事情，就是在厕所里各个蹲位之间都砌上一道矮墙，这样人们蹲坑的时候，互相之间就不再感到尴尬了。

虽然那时我只是一个少年，但是王叔所说的那种尴尬，也还是能感觉到。因而虽然不大情愿，还是跟着他干了两三天，把这件“好人好事”做完，之后又跟着他把厕所打扫得干干净净。后来，这位王叔也曾多次打扫这个厕所，偶尔会把我叫上。再后来我上中学离开梁家沟，在新区住校，便没有再关注这件事情。

说起上中学，还得回头说说小学的事。

父亲工作在梁家沟火车站，我也就近在梁家沟小学读书。

学校连办公室只有四五排房，但是却没有看见厕所。初来乍到，也不好意思问。第一天上课，下课后，正发愁怎么才能找到厕所呢，就发现有几位同学百米赛跑般地冲出教室，心想这肯定是内急，跟着他们准没错。可没想到三跟两跟，很快就离开了学校的范围，进入了一片居民区，在胡同里拐了几道弯，果然，一座厕所等在那里。只见厕所男女两侧闹闹嚷嚷，几乎全是我们这般大小的学生娃。女娃们焦急、尴尬地排队等，而男娃们却一边解手一边打打闹闹。那场面，怎一个“热闹”了得。

孩提时当然不会想那么多，但是现在回想起来，免不了会有一些疑问出现在脑海里。当初建校舍时，是疏忽忘记了，还是没把盖厕所当一回事？而无论哪种情形，都只能说明，那时候的人们，是真的把厕所问题放在了等而下之又等而下之的地位来对待的。后来我上班到了乌达红旗煤矿，也听说了一个与此相类同的故事，也再次印证了那时候人们的卫生和文明观念的淡漠。这个我后面会说到。

当然，后来时间不长，学校终于还是盖了厕所。但是没多久，我就小学毕业到乌达新区去乌达矿中去上中学了。到现在，我甚至回忆不起来那个厕所在学校的哪个位置，长得什么样子。可见我的观念也是一样，对于厕所，都“不屑于”记住它。

上中学的第二年，开始了“文化大革命”。关于厕所的记忆还是没有多少。只记得我们宿舍东边紧挨着一片沙枣林，于是那里就成了我们“出恭”的主要场所，厕所肯定是有的，但哪里有这儿这么方便！夏天凉风习习，冬日背风向阳。心里想着，这不也是为了给这些树增加点肥料吗！于是越发的心安理得了。

不过，学校里的某一间厕所，却留给我很深的记忆。情况是这样的。那是一间新盖的厕所。俗话说，“新盖的茅厕三天香”。而就在这短暂的“三天香”期间，发生了一件轰动全校的“闹剧”。被打成走资派、牛鬼蛇神的老校长打扫这间新厕所，隐约看到茅坑下面有人影晃动。很快他就看出来那是一个男生，也猜出来这个男生在下面想干什么。按说以他的年龄和人生经验，应该知道这是怎么回事。一个还没有走出校园，走上社会的男孩子，出了这样的事，一旦张扬出去，他将来的人生会怎样的灰暗，真的难以预料。不是说这个男生值得同情，而是说，可不可以选择更妥善一些的处理办法呢？不知道当时的老校长出于什么样的想法，他选择了告发。红卫兵们的围追堵截，拿获归案，然后是激烈批斗，吐口水、戴高帽子、拳打脚踢……再然后，那位男生销声匿迹。我不知道他后来流落何方，但我真的很想对他说：尽快地走出那一段阴影吧。而在这里我想说的只是，假如是现在，无论校园的条件，还是我们居住的条件，他都不会有机会犯下那样低级的错误吧？

走上社会，上班之前，我曾经有过两年多的插队知青生活。回想起来，感觉那时的农村，反而比城市更加重视厕所（农村管它叫茅房）的建设，虽然也很简陋，但是家家都有。头一年，知青点没盖茅房，我们到邻家农户去如厕，开始还有各种的不好意思，但逐渐却发现，邻家农户一家，不但不反感、不厌烦，反而笑脸相迎，热情有加。成了半个农民之后，自然也就明白了个中的缘由。

回到了城市，听到的第一个笑话，也是关于厕所的，个中内涵却截然相反。

1971年，我招工到乌达红旗煤矿。这是一个由当时的乌达市兴建的小型煤矿，在五虎山煤矿西南方向十余里地的荒山野岭中。建矿初期，主力军却是一群中年妇女和年轻女娃。那时的口号是“妇女能顶半边天”，而在红旗煤矿，妇女顶的却是大半边天。职工中，男同志只有三分之一左右。

吃喝拉撒，在所难免。“半边天”们提出建厕所，却被当时的矿长一票否决：那么大的沙滩，那么多的山沟，哪儿不能方便，建什么厕所，矫情！

“半边天”们无语。

之后，每天便会出现这样的场景：

工间休息，“半边天”们成群结队地向着远处的山沟沟出发。到一个隐蔽的地方，便各自寻找妥当的位置，开始方便。期间，还要派出一两名“警戒哨”，站在高处替大家瞭望警戒，以防万一有闯入者。偶尔有个别人因种种原因，内急到无法坚持走得太远，于是便有二三姊妹自动组成屏障，以阻挡某些人的目光。

这样其实是很耽误时间的，每次工间休息都会超过规定的时限好多，而带班的队长、班长们却又不好说什么。矿领导最终意识到这个问题，觉得还是建厕所更有利于“抓革命、促生产”。红旗煤矿历史性地出现了厕所。

“半边天”们的尴尬终于得到了解决。

可叹的是，动机竟然不是为了文明和卫生，而是为了提高劳动效率。但不管怎样，这个建在荒山野岭的小煤矿，也在人类文明的进程中前进了一小步。

这样说，其实并不过分。也许，人类文明的进步，就是这样一点一滴地积累起来的吧！

那时候讲究“先治坡，后治窝”。先建矿井，后建生活设施。矿井形成规模后，矿上也先后建起了办公室、食堂、单身宿舍、浴池等。

还有厕所。

厕所是有了，可是人们的习惯，或者说是文明意识，却一时半会儿还跟不上来。这当然主要是指我们这些男同胞，“恶习”难改，半步路都不想多走。由于男女宿舍离得很远，男宿舍这边的单身狗们肆无忌惮。去厕所将近百米，去房头十来八米，这个选择题太简单了。于是房子两头常年骚气哄哄。更有甚者，半夜里连房头都懒得去，拉开门缝直接扫射。所以房子中间的那些宿舍，门前的味道也好不到哪里。

一段时间后，年轻后生们纷纷开始“脱单”，另一半多来自农村，也有的是男女知青配对成家。来乌达无所投靠，便选择在单身宿舍安置爱情的小窝。有了女人，单身狗们不得不有所收敛，偶尔放纵一回，却猛然听到从后墙的小窗口中飘出一声娇喝：“嗨，悠着点，把房子冲塌了！”房子一时半会儿是冲不塌，但是墙根下的土坯已经被冲得露出来了，而且还结着尿碱。女人们天生爱干净，那股子味道，她们受不了。那之后的情形，还真的改变了不少。随处便溺的现象少了，难闻的味道也渐渐地淡了。

女人改变了世界。

女人促进了文明。

呵呵。

1984年，我调到市里工作。仍然住平房，仍然没有摆脱如厕的种种尴尬。当然这种尴尬，只是后来住了楼房后回想起来，才感觉到的。因为父母亲朋都在乌达，都还住着平房，回去探望他们，如厕时猛然发现，自己已经很难再心平气和地面对老厕所里那些不堪的画面了。于是不免感慨：以往的几十年，自己是怎么熬过来的啊！其实，这种感慨就是一种“矫情”。什么年代说什么话，现在看过去，好像什么都明明白白，可是以那个时候的条件、现状以及人们的认知能力，谁能想象得出现在人们的生活状况又是什么样子？

这也是个老厕所了，虽仍完好，但和新的“卫生间”一比，还是显得丑陋了些

况且，不是还有一句话吗？说“贫穷限制了人们的想象”。我觉得我就是那些被限制了想象的贫穷者。也就是在前一两年，网络上常常传出新闻，说中国人去日本旅游，纷纷出手，花一两万块钱抢购马桶盖。这让我十分的不理解。马桶盖，不就是一个薄薄的塑料片子吗，竟然能值这么多钱？还要跑去日本抢购，疯了吗，真是的！

2020年春节，去上海儿子家过年。儿子新买了房子，装修也算是高档。最让我感慨的是卫生间，主要是马桶，或者说是坐便器，电加热、热水冲洗、热风烘干，右手边一排按钮，红绿灯闪闪烁烁，看着就贵气，用起来更是方便舒适。离开上海时，儿子建议我们回到乌海也把这个东西装上。我提出疑问，原来的坐便器也没用多少年，还好好的，就拆掉扔了？儿子说，不用啊，买一套带电脑控制的马桶盖，装在原来的坐便器上就行了啊！这一下我才恍然大悟，原来，那些人去日本抢购的马桶盖，并非我所理解的那种简单的一个盖子，而是一套带有各种让人感到舒适方便功能的现代化设施。我不禁自嘲，夏虫不可以语冰，真是少见多怪！

回来便和老伴儿去了正远家居城，一问价格，国产的，只要一千多元就可以拿下。要是不为炫富，也不崇洋媚外，其实也很好用，看着也蛮气派。

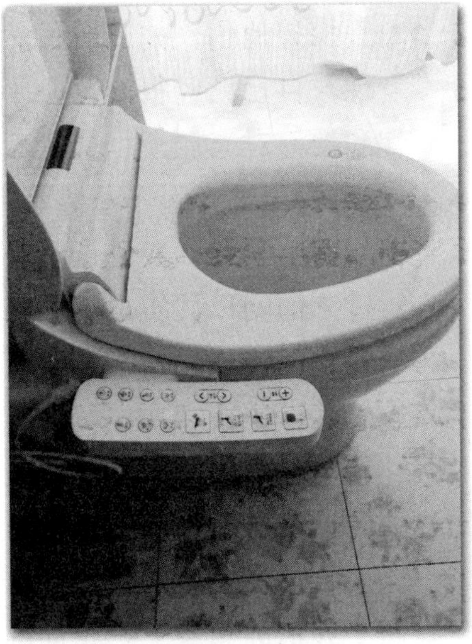

这个看上去是不是挺上档次啊

现在，我的家人、亲朋大都住上了楼房。这也意味着我们都已经告别了公共旱厕。前些天，去乌达一个住平房的朋友家串门，走在胡同巷道里，就感觉到了城市管理者在建设卫生城市、文明城市方面的努力。街巷全部硬化了，垃圾有了集中的封闭式的投放点。特别是改造后的厕所，新颖美观，让人眼前一亮。走进里面，感觉和现在机场、火车站等场所的卫生间差不多，加上有专门的管理人员，干净，而且几乎没有什么异味。当然比起住楼房家里的卫生间，还是存在许多不便之处。但是回想过去，看看眼前的情景，不是已经足以让人感慨万千了吗！况且，文明的进步，生活的改善，不是也要一步一步地慢慢来吗！将来的社会将发展成什么样子，以我的见识，真的想不出来。我能肯定的是，生活变成今天的样子，我非常满足。用当下流行的话说，满满的都是幸福。

关于如厕是如此。

关于生活的方方面面，也皆是如此。

（本文图片摄影：高　峰、亦　云）

搬家，我们难忘的共同经历

◎王宝印　李兰凤　边万科

乌达，我生活的沃土

◎王宝印

1960 年，父亲把我从原籍山东接到乌达。从此，我便像小树一样，在这片沃土永远扎下了根。从童年、少年、青年到老年，爬山捉鸟、下河捕鱼、大漠骑乘；井下采煤，搞过“三产”，坐过机关；工作几经变动，住所几经搬迁，直到退休。

1958 年，第一代创业者用青春年华、鲜血和汗水，忍饥渴，冒严寒，顶着风雨，风餐露宿，改变了这片曾经长期荒芜沉睡冷寂的土地。而第二代、第三代的建设者们，续写了他们的辉煌，也一点一滴地打造出今天的亮丽乌达、幸福乌达、宜居乌达。幸运的是，我六岁来到乌达，既见证了这一段可歌可泣的伟大历程，也分享着这段历程所创造的成果。

从 1960 年到 2010 年五十年间，我先后九次搬家，两次自建房，小时候连做梦也没有想到，晚年我住进 101 平方米的电梯楼房。我常给孩子讲“现实安稳，岁月静好”。我们一定要感恩这个时代。

1960 年，父亲请探亲假回老家，接母亲、姐姐、二哥与我来乌达生活。之前母亲就重病缠身，病入膏肓，已经不能和我们一起走了，我在极度痛苦中离开老家，谁知这一走，竟然和母亲天人两隔。

第一次乘坐火车远走他乡，三天以后来到乌达，从三道坎火车站坐汽车到教子沟下车，步行到苏海图。同车来的有父亲、二哥还有大嫂的弟弟。

到苏海图一路山沟，满地石头，迎接我们的有爷爷、大哥、大嫂还有四叔、四婶、堂哥。他们都是之前投奔父亲来到乌达的。爷爷递给我们三人每人一个大白面馒头。我们对视着眼神，没有见过这么大的馒头，好像不知道从哪里下口吃。

原先父亲和爷爷他们都是住的地窨子，我们一下子来了好几口人，地窨子不够住了，只好再想办法。父亲借来一顶帐篷，我看着这顶用帆布搭的房子，好奇地问父亲："这布房子漏雨吗？"父亲说他刚来住的是草棚席棚，当干部的才能住帐篷。

帐篷漏不漏雨我不知道，但第二天醒来的时候，看到被子上一层黄沙，两个哥哥尘土满面，像从土坑里刚爬出来的一样。自己是个啥样子可想而知。中午父亲从单位回来，领到笆子、椽子和麦草。下午就与大哥、爷爷在青云沟的山坡上，开始用铁锹、铁镐、钢钎劈山挖土建造我们住的地窨子。地窨子两米多长两米多宽，上面苫的是蒲草笆子，笆子上铺些草抹上一层薄薄的泥巴。四周围上一些石块就成了一间冬暖夏凉的地窨子。父亲特意按照本地的方法，从沙滩拔一捆沙蒿草，堆在地窨子里用烟熏，使地窨子墙壁上形成一层薄薄的黑色烟膜，固定墙壁浮土以防脱落。

几天后我们搬进地窨子，亲戚朋友都来祝贺，见面特别亲热，要一块吃团圆饭。大家各带各的碗筷，物资太缺乏了。门前随便一块石头，就是一个板凳。有一个叫刘姐的问我："你大哥家刚生了个娃娃，你叫他啥？""叫弟弟呗。"我自信地回答，惹得全场人哄堂大笑。当时我太小，翻不清侄子和我的关系。多年后还有人拿这句话开我的玩笑。

我非常想念母亲，有一次大哭大闹，父亲为了让我忘掉老家的事，就答应明天带我去老工人村去照相。第一次去老工人村，走的是现在苏海图后面的大沟。1969 年部队军管以后才把公路修通到现在的样子。我从山东出来时，穿的是条露裆裤子，一直都没条件再添一条新裤子。照相那天父亲领我到居民主任吴大妈家，借她女儿的花布裤子。照片取回家一看，我露着肚皮，下面裤腿耷拉着地。裤子太大了，我紧提慢提，裤腰还是退到了肚皮下面。这是我的第一张照片。

1961 年我们全家齐上阵，在八间石头房（最早苏海图矿领导的办公室和调度室）西面，建两间石头房。有门窗，有火炕，没有玻璃。吃水到新工人村水池子买水。冬天是从黄河拉冰卸到大水池里，根据水桶的大小，按每桶 2 分钱、5 分钱的价格卖给居民们，其实也只是象征性的收点钱，不然水总是不够用。拉冰的车到了水池子跟前，没等停稳，一些新参加工作的井下职工，头戴矿帽，身穿工作服，满脸漆黑，一笑露出的是白牙。他们飞身上车往下扔大块冰，迅速翻身下车抱起冰块消失得无影无踪。你下他上地上一会被扔的一片冰碴，那些被摔碎的冰块就成了孩子们疯抢的猎物。我往往参与其中，抢上冰块抱回家放在盆子里化水。也不是每一次都能抢上，有时两个孩子同时抢一块，结果被个子高的、力气大的孩子抢走了，当时后悔还不如抢那个小块的，大的没有抢上，小的也被另一个孩子抢走了。水池子跟前每天都有一群孩子，为了抢冰等候在那个寒冷的地方。

大风造成吃水更加困难，本来拉水的车是正常工作，遇到大风天，飞沙走石打得人睁不开眼，连走路都站不稳，拉水的车只好暂停。夏天我们就到一号井东边的青云沟，掏泉水煮饭。后来一号井采煤到了附近，那个泉眼也没水了。

在我们的记忆里，那时的风特别的大，铺天盖地黄沙滚滚。铁路常被沙子埋住，为了火车安全通行，专有工人巡查清路，清理积沙。当时有一首打油诗说，沙暴来势如山倒，黄沙蔽日石头跑。路上行人似惊鸟，人被尘封地被埋。眼里掏出四两沙，嘴中留下充饥饱。感觉入木三分。

1962 年，父亲申请一套 60 平方米的房子，在苏海图中工人村。门窗玻璃齐全。室内没有任何设置。那时父亲已再婚，继母还带着一个和我差不多大的男孩。一家三代八口人住，虽然挤了点，而且没有院墙、自己垒炉子、自己垒炕，但在当时仍然算是最豪华的住房了。

1964 年，我们又搬到了老工人村土建房（88 处建）40 平方米。随后我们在院内自建凉房 8 平方米，盘了炕，垒了炉子，也可以住人。

1970年乌达迎来了人口大爆炸，只要有落脚点，申请注销户口，派出所几天之内就会开出准迁证明。老工人子弟都已长到了结婚的年龄。从全国来的知青落户乌达，支左部队、军管部队就地转业人员在乌达，内蒙古独立二师两个团转业在五虎山矿；又有大批从河套地区的适龄青年招工到乌达。此时的乌达一房难求。

我们家八口人住在48平方米的房子里，真不知道父亲那时的压力有多大。

我们四个光头小子，挤在凉房里，倒也热闹。别小看这个只有8平方米的小凉房，我家先后有两个年轻人在这里结婚入洞房。

1974年，在父亲的安排下我搬到了苏海图矿单身宿舍去住。那里四人一间房，四角四张床，中间安放一个特大号铁炉子。配备统一打扫卫生的服务员，热水统一到锅炉房去打，食堂24小时供应饭菜。每月初到行政科办事员那里领自己的工种定量饭票。井下工月定量57斤，细粮占60%，粗粮占40%；地面工月定量35斤左右，细粮占40%，粗粮占60%；机关人员每月31斤；普通职工家属每月27斤；7岁以下的儿童每月16斤。这一年我被借调到机关工作，粮食定量31斤。总之，住宿舍比住在家里条件要好很多。

不过，单身宿舍也有不尽如人意的地方。大家同室不同单位，都是三班倒，半夜三更我上班、你下班，免不了互相影响互相干扰，于是我决定自己建房。为了离矿近上班方便，建房地址选在我最早居住的地方，一号井的东侧。前面是刚建的水泥厂，西面是青云沟，门前是一条马路，贯通整个苏海图的三个工人村。

选定地址后，根据地形坐北朝南，确定建筑面积50平方米，室内一进两开，中间为走廊，东西两侧各一间。

凡是一个人能干的活，打石头、下地基，垒十层以下的土坯墙，担水和泥、抹墙搬砖、脱坯，基本上都是我一个人干。拉水运石头，垒十层以上的墙体及大量脱土坯，一个人就应付不了了。好在我有一个得力的帮手，他就是我的发小闫道光。我俩同岁，是在沙漠里骑驴玩闹认识的。此后的岁月里，一块捡煤，一块上山捉鸟、下河捕鱼，闲下来在他家的炕头上讲故事。又同一天参加工作，他学徒分配到机修厂。我建房使用的工具多半是他自制或借的。他家住在中工人村西山坡上，总是吃饭后主动帮我来干活，要是下班我这里有活干，干完活再回家吃饭。感动之余我问他“为什么”，他说，是母亲告诉他这么做的：“王宝印有困难我们要帮助他。”后来他考入了职工大学机电专业，进入乌达区五金厂工作，晚年在乌达区政府退休。他有一位慈祥的母亲。

这是我第一次自己设计，自己施工的自建房。这间 50 平方米的房子，整整用了一年的时间才完工，经历了脱坯被大雨淋塌一片，垒在墙头上的土坯被雨淋烂几层，等天晴后铲下来接着再往上垒。上房顶上大泥，突然停水，几个人到矿立新厂拉水。帮工的朋友从房顶跳下来打扑克下棋，水到了继续上房泥。那个年代，邻里朋友之间谁家有事，只要招呼一声，大家就纷纷来帮忙。有人的帮人场，有物的帮物场。大家获益匪浅。

这一年我双喜临门，建起了新房，又遇到了自己心爱的人陈秀玲。婚后我俩抬土脱坯，拉水垒墙，又建了一间大凉房。挖菜窖垒鸡窝，养了一群鸡，日子过得红红火火。陈秀玲 1973 年下乡在河拐子。住的是用红柳笆子夹草，里外抹泥的草房子。吃的是高粱米饭，干活是挖大渠、抬土方。回城后又到地方办的小煤窑做临时工，从井下两人拉一辆排子车煤，男的驾辕，女的拉车，下坡时拉车的要用绳子拽住。上坡的时候两个人前拉后推。到井口后两人同时猛冲上站台，将煤车里的煤翻落在站台上。两个人配合的好全车的煤能顺利倒出车体；如果配合不好，煤车里的煤倒不净，还需要再用锹卸煤车、平煤台。

那是个如风如火的年代，同样的经历，同样的磨难，成了我俩的精神财富。第二年秋天我们大女儿降生了，亲朋好友都来祝贺，我们用红纸放在锅里煮上红皮鸡蛋，给每一位来的客人吃，分享我们的幸福。1980 年我的二女儿也降生在这间黄土小房里。兴奋之余我写下一首顺口溜，存到现在：

“我的黄土小房，一进两开。一盘热炕，炭烧火墙。红砖铺地，两个大红板箱，是我们新婚嫁妆。炕桌上馒头窝头，土豆泥拌沙葱，吃得饱睡得香。”

后来觉得不够尽兴，又重新写了一篇：“我的黄土小房，立在苏海图沟旁。两个女儿降生在此，每天迎来第一缕阳光。寝室喜洋洋，近亲住四旁，出门向北望，煤城更辉煌。美丽的黄土小房，曾经的新婚殿堂。”

1982 年秋天，我第一次分配到矿上的福利房。在苏海图东工地 129 栋西二号，40 平方米的红砖平房。标准是三通一平——水通、电通、路通，院平。配备院墙、凉房、菜窖，红砖铺地有火墙，灯具齐全麻纸吊顶。算是建矿以来最好的矿工住房，当时就叫“拎包入住”。不得不提当时住房紧张的一个问题，分房小组研究分房时，由党委书记、矿长、行政副矿长、行政科科长及秘书等人组成。分配方案几次研究时，都被职工群众冲击会场不欢而散。最后会场不得不移到苏海图矿农场的农业三队，现在的乌海市第六医院南附近，晚上十点以后开会研究分配住房名单，才总算把这个事情确定下来。

我能分到福利住房，是因为 1981 年春天，这片福利房还没有规划之前，我就在这片地上破土动工，想建一处 80 平方米的住房。建了一半，矿上开始规划在这里建房。打了些麻烦，矿上最终承认了我的权益。

1985 年父亲退休身体不佳，我与爱人商量又搬回到父亲身边，直到 2001 年父亲去世。

1987 年在父亲住的房头，我翻修自己住的平房。建筑面积 98 平方米，砖木结构，两卧一厅、白灰吊顶，玻璃隔断、水磨石板铺地，土制锅炉供暖，客厅转角沙发、壁画、窗户双层落地及组合家具。

2012 年苏海图 98 平方米的平房置换加价后，我又搬到乌海市海勃湾区双拥街依林 A 区七号楼，101 平方米电梯楼至今。

说起乌达，我有说不完的往事。我的爷爷、父母双亲、大伯叔叔、伯母婶婶、哥哥嫂子、24 岁的堂兄（1978 年矿难）、48 岁的堂叔（1981 年矿难），十几位亲人都安息在这块土地上。而我也把根深深地扎在这片土地上，吸吮着她的营养，感受着她的脉搏，与她一起成长，并把我的青春年华，聪明才智以及身上的汗水、眼中的泪水，都毫无保留地献给了这块土地。她不是故乡胜似故乡。六十个春秋留给我的不仅是记忆，更是一笔巨大的精神财富。她使我懂得了生活。

一切都会更美好

◎李兰凤

1958 年 11 月，我的父亲把我和母亲从山东老家接来乌达。当时我才 7 岁，那是我第一次坐火车。朦胧记得，火车过了黄河大桥，我们就下车了。父亲领着我们没走多远，便指着一间土房对我和妈妈说，诺，这就是咱们的家了。

看到那间土房，我的心里满是失望。这就是我们的家？这个破破烂烂的土房子能住人吗？

也难怪我失望，这间土房小得还没有老家的灶房大，最多也就是八九平方米；一扇木板门松松垮垮，好像随时都会解体；而窗洞则是光秃秃的，不但没有窗扇，连窗框都没有；进屋一看，除了一盘土炕连着一个土灶之外，空空荡荡的没有半件家具。门外，则是漫漫黄沙，沙丘一个接一个，几乎要把房子掩埋。放眼望去，只见前前后后的还有不少同样的土房，不少土房顶上正冒着炊烟。看样子都有人住着。

母亲叹一口气，动手安顿我们带来的东西。

晚上，母亲用带来的案板堵在窗洞上。把快要散架的门拉住。门是朝外开的，从里面没法固定，母亲找了一段小绳子将门扇勉强拴在门框上。然后打开行李，把被褥铺在小土炕上。临睡时，我听见母亲又叹了口气，但是马上又接着说，慢慢会好的。好像是在安慰我失落的心情。晚上，起风了，门缝、窗洞被吹得呜呜响，能感觉到沙子落在脸上、被子上。我和母亲辗转反侧，难以入眠。早上，解开拴门的小绳子，却推不开门。原来是一夜的大风，沙子把门埋了半截。我和母亲从那个光秃秃的窗洞钻出去，把沙子挖掉，把门拉开。这一刻，我和母亲相视一笑。因为母亲昨晚那一句“慢慢会好的”，我们的心情都好了起来。

就这样，我们在这里安顿了下来，开启了我在乌达漫长的人生之路。

没有水，但幸好离黄河不远，我和母亲提着桶，踏着冰，在黄河上破冰取水。

没有菜，这个没法儿解决。因为是冬天，想采些野菜都不可能。

夜里，我常常被惊醒。睁眼一看，地上横七竖八地躺着一些陌生的汉子，偶尔也会有一两个女人。原来，他们都是从老家来乌达矿上找工作的。夜里下了火车，离矿上还有二十多里地，父亲就招呼他们来我家歇脚过夜。早晨，他们背上各自的行李，背上各自的梦想，迈着凝重踏实的脚步，在冬日阳光的照耀下，一步一步地走进漫漫的沙漠，消失在我的视线中。

后来我想，这是不是“万人上山”的一个缩影呢！

几个月后，我们搬家了。因为现在这个家距离父亲上班的矿上太远了。

那天，父亲赶着一辆小驴车，拉着我们不多的家当，来到了一个人们称之为“老矿”的地方，也就是现在人们所说的教子沟。坐在驴车上，我一路上想象着新家会是个什么样子呢？一定又宽敞又明亮吧。然而现实又一次让我失望了，这个新家的面积似乎更小了，屋子里除了一盘土炕和一个土灶之后，空余的地面几乎转不过人来。所不同的是，新家的墙是用石头片子垒起来的，泥巴都没有糊严实，从石头片子之间的缝隙里，都能看到外面的阳光。而且房子很低，只有两米左右，大人站在土炕上都直不起腰。没有窗户，连一个光秃秃的窗洞都没有，只有门的上端有一方小小的玻璃能透进一缕阳光。门前两三米有一个水坑，坑里的水黑乎乎的，让人望而生畏。而没有想到的是，在后来的日子里，这个水坑里的水竟然成了我家生活用水的主要来源。

望着这个新家，我竟然怀念起了黄河边上的那个小土房。那里似乎比这个新家要好很多。尤其是吃水，黄河水虽然有点浑浊，但是澄清了之后，吃起来没有任何异味，而我家门前水坑里的水，又苦又涩，还有点咸，煮出面条来都不用放盐。用来洗手、洗脸只感觉黏糊糊的不利索。用来洗头，头发粘在一起，像擀了毡一样。当然还有另外一个取水的来源，那就是矿上每天用马车或汽车从黄河边拉水给食堂送，卸水时，我们可以用盆或桶接一些回来，用来做饭以及作饮用水。但是数量有限，珍贵的很。

1959 年，我的弟弟在这个家里出生。

1960 年，我们再次搬家。

那一天，我从睡梦中朦朦胧胧地被惊醒，睁眼一看，啊？我这是在谁家啊，亮堂堂的，新崭崭的，而且这样陌生，心里不由得一阵害怕，哇的一声哭出来，爬起来就往外跑。忽然却听到爸妈笑着喊我，跑什么跑，还不回来，这是咱们的新家。

原来，搬家的事我一直不知道，那天父亲又赶了一辆毛驴车回来，我却在土炕上睡着了。于是，我就这么睡着被毛驴车拉到了这个新家。

这个新家比以前的家都好多了。崭新的红砖红瓦，又高又宽敞，玻璃窗亮堂堂，在当时的矿区，算得上是最高档的家属房了。

在这个新家，我度过了从少年到青年那段青涩而又快乐的时光，从小学到中学，再到参加工作。后来有了自己的家才离开。

再后来，我们都住上了楼房。环境优美的小区、宽敞明亮的居室、方便舒适的生活条件，再回忆起以往的那几个让我难忘的家，我深刻地感受到了社会的发展，祖国的昌盛。

我又想起了母亲的那句话：慢慢会好的。

是啊，社会还在发展，时代的步伐也永远不会停止，我们都期盼着我们的家乡乌达变得更加美好，我们的家也变得越来越舒适。

一切都会变得更好。

三次搬家话今昔

◎边万科

改革开放 40 年，我搬了三次家。

当然是越搬越好。这是社会的大趋势。不过，作为我个人来说，由于感触太深了，所以总是由不住想念叨念叨。

我家的变化，还得从 1980 年说起。 那时，我家住在五虎山矿家属区平房，面积 30 多平方米，一个大炕，门窗到处漏风，入冬时，必须要用牛皮纸把门、窗上的缝都糊住，然后挂上棉门帘、棉窗帘，家里再生上一个铁炉子，才勉强能抵挡一些砭人肌骨的严寒。那时候人们都像在农村一样，家家户户盘上一铺火炕，做饭的时候，顺便就把炕烧热了，晚上早早把被褥铺上，到了钻被窝的时候，里面热乎乎的——是御寒的上好办法。虽如此，屋里还是冻得不行，我家住房头，山墙和后墙经常结着冰霜。夏天在家里做饭，又没有后窗户，晚上睡觉又不敢开门窗，家里热的十分难受，那个年代，不是我家是这样，家家都一样。

1985年，矿上对我家前后30多栋60年代盖的老房进行翻修，翻修后，我家地是砖墁地、砖火墙，一个小炕，门窗也严实多了。

1991我家盖了后背包、房头又盖了一间房，居住面积增加到70多平方米，还把原来的砖墁地换成水磨石墁地，那个时候，时兴安装土暖气，我家也赶了时髦安上了土暖气。还买了彩电，在当时，像我家这样大的家，是很幸福的了。

1994年国家实行优惠售房。就在这年秋天，我工作的乌达电厂盖了10栋平房、共50户，每户70平方米主房、10平方米凉房、70平方米院子，厂里集中供暖。对职工开始实行商品售房，一套13400元。我们买了一套，在装修时，铺上釉面砖、做了窗帘、买了沙发、双人床、煤气灶、冰箱。按上了电话等，院里种上了杏树、花草。我们厂子里还建有网球馆、塑胶篮球场、网球场、乒乓球室、足球场，全家人是非常满意，也很欣慰。

后来，由于我们这片家属住房离乌达区工业园区很近。2017年，政府把我们分批安置到益民佳苑高层楼房。我家要了一套94.7平方米的二室一厅一厨一卫带阳台有双电梯的楼房。还退了我家3000多元。因楼房都铺好了地面，厨房、卫生间也贴上了瓷砖。我家入住，做了门、家具，买了电冰箱、热水器、燃气灶、抽油烟机、双人床、沙发等。家里明亮、宽敞、温馨，站在我家窗户前往下看，停车位上停满了私家车，一方水泥地上排列着各种健身器械。稍远一点则是新建的公园，树木、花草郁郁葱葱，非常养眼。

对这个新家，我们非常满意。

回想起我们小时候兄弟姐妹几个挤在一个炕上，能把自己的肚子吃饱就满足了。如今，我家的日子过得红红火火，我俩的养老金也能拿到近 8000 元，我们将来的日子会越来越好。也许，我们的家还要搬，还有更加漂亮的新居在等待着我们。

近年来新建的楼房小区，环境、设施都非常好，让人感到舒心

（本文图片摄影：亦　云）

百年马堡店　风雨话沧桑

◎杨明德

黄河初入内蒙古境内，突然变得桀骜不驯，水流湍急。经过头道坎、二道坎、三道坎的落差，又恢复了它温柔的面容，河面宽阔，水流平缓，温柔地撒下胡杨七岛和大中滩及大小李华中滩，在甘德尔山下二三十公里的地段上，留下许多风景如画的河湾浅滩。从南到北的牛渠桥、乌兰木头、河拐子、马堡店、三转地，讲述着多少美丽的故事和传说。1958年万人上山，开启了乌达地区乃至乌海地区大开发大建设的序幕，更使得黄河沿岸这块富饶的风水宝地变得美丽迷人。

我深入接触马堡店村是在本世纪初。

在此之前，曾经和一位朋友到马堡店和三转地之间，找另一位姓张的朋友借一块苫布用。当时已是秋收时节，穿过乌兰木头村，从乌兰木头村村东驶上沿黄河岸上的砂石路，途经河拐子和马堡店，沿途欣赏着这湾滩秀丽风光。东侧是黄河宽阔的河滩和河道，丰水期黄河水满天满地，枯水期滩涂形成绿茵茵的湿地，是鸥鹭们自由翱翔和觅食的天堂。堤坝西侧是大片的庄稼地，那一片片待收获的玉米随风摇摆，飒飒做响。行走间，朋友指着百米之外的一个小村落说："看，那小村子就是马堡店村，那里有不少故事呢！"远望高大的小叶杨树和苍劲的沙枣树，还有隐藏在沙枣树丛中的土房，是我对马堡店村的第一印象。

有故事？朋友的话引起了我的好奇心，心里暗暗地祈盼着，有机会一定去趟马堡店村探究一番！

20世纪末的一年夏天，我下决心要完成自己的这个心愿，我独自一人骑摩托车，出乌兰乡沿小油路，过南村北村，寻路往马堡店村的方向而来。二里许，来到乌达矿务局银星公司乌兰布和沙漠南沿的绿色锁边工程，这里林木茂盛，小桥流水。小巧四合院，白墙黑瓦和院墙外小广场，我欣赏这里的景致。这一大片绿色屏障抵御着乌兰布和沙漠的南侵，是乌达矿务局造福乌达人民的最大民心工程。

出了林地，向北望去，一条便道蜿蜒着向二三里开外的那片绿色延伸，那就是马堡店。远方的乌兰布和沙漠的沙山，连绵起伏，横亘在天边。蓝天白云深处，就是我渴望去探索的地方吗？我心情急切，一脚油门来到村头，映入眼帘的是株株合抱高大的小叶杨树和合抱的沙枣树，还有零星的胡杨树，掩映着一户一户用干树枝绑扎的篱笆院墙，及院墙后面的土屋，有二十几户蒙古族和回族牧民人家。土房大都坐北朝南，有羊圈牛棚散落在土房四周。村口沙枣树下还拴着几峰骆驼。家家院内传出声声犬吠。再往前走，我发现靠村中还有一座不算高的水塔。

沿着弯弯曲曲的村路一直来到村东，黄河一下子呈现在眼前。村庄与黄河之间，大约有二百米的距离，则是一片开阔地，西高东低，杂蒿丛生，离村五十米有一处高近二米的夯土封台，呈长方形，有五六百平方米大小，边角已坍塌，村民告诉我，这个是“店台”，传说就是当年马宝开店的遗址。我登上店台顶端，希望找到一些有价值的遗物，但是除去一些碎瓦破砖和瓷器陶器的碎片之外，再没有别的值得我关注的东西。

故事在哪里？

这一次，我一无所获。

2001 年的春天，听说乌海湖大桥就要建成了，我心里还在惦记着马堡店村，想再去看一眼马堡店村，过南村北村沿旧路而行，乌海湖大桥已初具规模，这混凝土的钢铁长龙横跨黄河，而昔日的马堡店已人去屋空，偶有三五只流浪犬还在旧迹上守候。我知道这里将成为库区，昔日的马堡店村连同夯土封台将被湖水淹没而不复存在，它将走进历史，走出人们的视线，我怀念这曾经的马堡店。

难道，故事都在资料里吗？

我曾经查过一些有关于马堡店的一些资料。

资料里说，马堡店原名为巴音敖包嘎查，后因宁夏平罗县一个叫马宝的回民，在此开过客栈，后人们顺嘴叫开，又后来阴差阳错，写在纸面上“宝”字变成了“堡”字，即成了今日马堡店。1990 年乌达区和阿拉善左旗划界，将原属阿拉善的乌兰阿日勒嘎查，呼和勃勃格嘎查，包括巴音敖包嘎查（即今马堡店）移交乌达区管辖。

资料还说，自汉代以来，乌达这块风水宝地就有人类在这里繁衍生息，以至于唐代、北魏、元代、清代、民国及抗日战争时期这里都曾经有故事发生。

抗日战争时期，这里曾经有冯玉祥、石友三主持修建的包银战略公路穿沙而过。无数蒙古、回、汉族的热血儿女踏着这条简易公路，奔赴抗日前线。

这里有抗日军民修建的临时机

本文作者采访老主任陈学仁（右）时二人合影

场的遗址，这个机场对西北抗战的局势产生过重要的影响。

当年，这里还曾经是西北邮路中的一个重要的驿站。

而黄河这一段，水流平缓，舟船往来，水运繁忙，由此水旱码头应运而生，更给曾经的这里带来无尽的繁荣。

往事已随风逝去，新的故事依然在不断衍生。而新故事所蕴含的人生真谛，仿佛更加让我迷恋。

前些时，我采访了马堡店村的村支书、村主任康存继，他建议我不如再去把马堡店村的老村主任陈学仁好好采访一下。他说，老陈担任马堡店村主任二十七年，他肚子里的故事，你写也写不完呢！

陈学仁老村主任今年已77岁高龄，精神矍铄，中等身材，平头，满头华发，体瘦而结实，颧骨稍高，可以想见这个蒙古族汉子年轻时的剽悍风姿。见到他正从自家小菜地里忙活。我说明来意，回到家里，礼让有加，侃侃而谈，讲起了他的人生与马堡店的故事。

我是宁夏石嘴山人，1959年我5岁随家人来到乌达苏海图，14岁来到马堡店，将我的青春年华都贡献给了马堡店。

那时，这里还叫巴音敖包嘎查，阿拉善和硕特数代亲王都在这里开设牧场，这里黄河的岸滩方圆几十里，从牛渠桥到三转地都是好地方。这里黄河水流平缓，滩湾滩涂众多，水草丰美，只是近代百十年，由于乌达的煤炭和吉兰泰的盐才使这一带水运，物流繁华，打破了大自然的沉寂与宁静。旧社会几十年，兵荒马乱，这一带虽繁华一时，但也饱受战乱匪患之苦。中华人民共和国成立后，一直到1968年以前，虽然乌达由煤而兴，万人上山，从牛渠桥到乌兰木头这一带大开发，成立乌达国营农场，但马堡店和三转地一带也还是无人问津，天荒地老，像是被人们遗忘了的天涯海角。

我是1968年来到马堡店的。当时的马堡店虽然荒凉，但是水草丰美，植被茂密，到处是一人深的芨芨草和沙棘。沙漠边缘地带长满了甘草、苁蓉、梭梭、锁阳、沙冬青、沙蒿，真是一片天然的绝好牧场。为了充分开发这里的优质牧草，1968年春，我响应政府号召，组织成立了乌素图公社苏海图牧业大队马堡店饲料基地，组织全公社二十几户人家来马堡店这地方开发，环境条件虽然艰苦恶劣，但是人们信心十足。没有房住，就搭蒙古包，没有生活用水，就去黄河拉水，白手起家，从不退却。夜里，不时听到有野狼嚎叫，我们就聚在蒙古包里，互相安慰、互相壮胆，白天在野外打草，动不动就猛然窜出一条蛇来，众人一阵惊吓，但很快就镇定下来，继续干活儿。就这样，我们这二十几户人家安顿了下来。白天我们打草，把草打成捆，挖甘草可以卖钱，那时候甘草几分钱一斤，我们吃的是供应粮，每人二十七斤，白天劳动一天，晚上油灯下打纸牌，侃大山讲故事，虽然活得像野人一样，可是我们也快乐着，我们为的是集体事业。

第二年，我们利用那些旧木料，旧砖做根基，脱土坯，编笆子，盖起了五间房作为大队部。成了集体财产。我们由二十几家人家，最终发展成四十几户人家，又到六七十户人家。家家脱土坯盖房子，拉院子。到了1974年，大队发展成二百多口人的大集体。开发土地种庄稼。人们开始养羊、养骆驼，过起了半牧半农、农牧结合的生活。种田没有肥料，我们把旧土墙及垃圾拉到地里当肥料。到了改革开放那几年，我们大队开出可耕地七八千亩，

政府投资在马堡店村修建的水塔，让村里家家户户吃上了自来水，解决了村民们吃水难和吃水不卫生的大问题

农户自养的加上大队集体的，有上万只羊和上千头骆驼。冬闲时节，男人们动不动就聚在一起捣烧酒，侃大山，咸菜花生米也能喝到醉意朦胧，喷着酒气感慨地说，感谢党和国家的好政策啊，收入提高了，生活好了，日子有奔头了！

时间到了1990年，乌达区成立了乌兰乡筹备处，把我们嘎查划归乌达区管理，由巴音敖包嘎查改为马堡店大队。到1995年我们又通了电，又打了深井，用上水泵，又在大队部建起了水塔，家家接上自来水，再也不用去黄河拉水了，生活一天比一天富足。只是改革开放的大潮流也催生出我们马堡店村的改革，人口年年萎缩，有能力的年轻人都往城里走，甚至全家搬离，到了黄河水利枢纽开工统计，我们村在册的才剩下二十

马堡店村村口的牌坊，古朴、大气，彰显着马堡店村的崭新面貌，以及它创造更加美好的明天的恢宏气度

儿户人家。

“感谢党的好政策，如今又赶上这么好的社会。”

陈学仁老兄不无感慨地说，“我今年 77 岁了，身体硬朗，老伴和我每月四千多元工资，虽然过去是农民，政府照顾让我们从土房搬进如今的泽园社区的新居，成了市民，成了城镇职工，又有社保，有医疗保障，你看我和儿子现在住这么长一栋房子，院子里还能种点小菜，好歹一种都吃不完。我两个儿子两个女儿，都安居乐业，各有干的，对现在社会我没说的，我拥护习近平领导，他是人民的好领袖，习近平关注民生，以人为本，中国几千年来数现在社会好，美国人一天说人权人权，他没有我们制度好。”

陈学仁老兄接着说：“过去虽然社会也好，但是一年到头儿只混个温饱，我四个儿女，那时候他们上学学费我都拿不出来，每年都得借账。”他又接着说：“有一事我原来想不明白，把南村北村挂上我们马堡店的名字，我心说，村名还能乱改吗？后来我想通了，我觉得还是现在领导有眼光，十个全覆盖的时候，我听说区里领导和康存继村主任是费了不少心，我们马堡店村名气大，是有历史，还是领导有眼光、有思路，为长久打算，为旅游事业，把南村北村打造成旅游基地。再说了南村北村本来也是马堡店地盘嘛，还建了一段仿古式的城墙，显得古老又有历史，我赞成。看看现在的南村北村，和过去没法比。听说今年政府又在南村北村投资 70 万，建起农产品直销基地，设摊位五十多个，鼓励本地果蔬种植户，农产品直销，产供销一体化服务。唉，我是老了，干不动了，不然我也要积极参与。”

告别陈学仁，走在泽园社区的大街上，一派欣欣向荣景象，街容街貌整洁干净，绿树成荫，到处红绿标语，引人注目。

我驾车又到巴音敖包庙遗址，虽是一堆残砖旧瓦，但我仿佛看到那五角七层佛塔依然存在，庙前开阔地的敖包挂满彩旗，南来北往的蒙古族、汉族、回族兄弟在赶庙会，人声鼎沸，车水马龙，好不热闹。我想，要是有人投资恢复这敖包庙和佛塔，可能对旅游业又是一大促进吧。

在虹桥湖畔，我站在乌海湖大桥下，注视原来马堡店的那一片地方，虽是一片沼泽，万顷碧波荡漾之下，已看不到往日的村落，但回顾这一段历史，品味发生在这里的老故事、新故事，我的心中感慨万千。

虹桥湖畔度假村。马堡店遗址在其东北 400 米，现已被乌海湖淹没

百年马堡店，风雨话沧桑，我祝福我们的国家繁荣昌盛，我祈盼我们的人民幸福安康，万世祥和。

（本文图片摄影：许培龙）

钢丝面，你还在吃吗？

◎苏秀贤

民以食为天，在人们的饮食由粗变精的过程中，钢丝面的盛行虽然比较短暂，但它却承载了那个半饥荒年代人们的无奈。钢丝面也是乌海人永远绕不过去的一段记忆，如果钢丝面在乌达面食的历史上不留下这一笔，就仿佛我们的记忆缺少了一段似的。

20 世纪 70 年代，也是我的童年时代，那时国家实行计划经济，城市居民的口粮也是定量供应。而由于玉米产量高，被大量种植，因此我们每月的口粮中，百分之七八十的都是玉米面，白面少得可怜，而大米什么的，更是可望不可求。玉米面无论是口感还是味道，都远不及白面、大米，吃得多了还烧心。为了让孩子们吃得可口一些，心灵手巧的妈妈们，就变着法儿弄出许多花样来。除了蒸窝头、蒸发糕、熬糊糊之外，还蒸菜团子、炒窝头渣渣、夹上薄薄的一层白面蒸“金银卷”……但是做来做去，终究改变不了玉米面的本质。加上那年月油水少、肉食少、蔬菜少，玉米面最终难逃被人们所烦厌的命运。尤其是孩子们，每到吃饭的时间，最多的抱怨就是“又吃玉米面……”

就在这时，用机器轧成的钢丝面出现了：色泽金黄，硬如铁丝，用手折弯，很快便会恢复原状，不愧“钢丝”这个称呼。一下子，钢丝面就走进了乌达的千家万户。

由于历史的原因，当时钢丝面的吃法也很简单，记得妈妈只是把煮好的钢丝面浇上打好的土豆卤，又捏了一点咸菜，吃起来格外润滑、柔韧有力，口感刚而不脆、软而不绵，完全没有玉米面的味道，我和弟弟还抢着吃呢，钢丝面给我家乃至全乌达人的生活增添了一丝色彩。在饥肠辘辘的年代，能吃上机器制作的玉米面条，不能不说是一种进步，也是我儿时最深刻的记忆。

改革开放以来，国家发生了翻天覆地的变化，人们的衣食住行和过去不能同日而语。现在的孩子们都爱吃各种各样、五花八门的面食，超市货架上卖的方便面品种也数不胜数，但他们肯定有人没吃过钢丝面，别说吃，就连听恐怕也是一头雾水：怎么会有“钢啊、铁啊”那样的面呢，好奇怪的名字，看着也会觉得不可思议：竟有这么金灿灿的面食。

钢丝面属粗粮，富含膳食纤维，也很养生，偶尔吃些，也是现代人对西餐、中式大菜厌倦后的一种回归。下面我给大家介绍钢丝面的两种（热炒和凉拌）做法。

胡萝卜、豆腐皮切丝、葱切小段、蒜切薄片、洋葱、西红柿切丁，钢丝面泡软后上锅蒸，大火烧开转小火，蒸半小时，取出过凉水，起锅炒菜：热锅凉油，先放葱蒜、洋葱爆香，生抽少许，再放黄豆酱、豆腐皮，最后放入胡萝卜丝、盐（依个人口味）、钢丝面翻炒一下，面是熟的，只要入味上色就可以关火了，盛盘，撒上一点儿香菜点缀一下就可以开吃了。

将泡软的钢丝面拌上少许色拉油，放蒸锅蒸半小时，花生米小火炒熟后剥去红衣，压碎备用，用陈醋、鲜酱油，白糖、葱末、香油各适量调成汁，将蒸好的钢丝面用筷子抖落开，放入碗里，撒上花生碎和熟芝麻，浇上调好的汁，最后再放点老干妈油辣子调匀即可开吃，好开胃的哦。

有些市场和超市也能买到钢丝面，而且在玉米的基础上又加入了黄小米，营养更全面，愿朋友们把做法带回家，自己做做，吃吃看，绝对是超级简单的好吃面，会别有一番风味。